KB157704

Dewey Decimal Classification

듀이십진분류법

동양관계세분전개표

DDC23과 KDC6 비교분류

제23판(개역개정판)

듀이십진분류법

동양관계세분전개표 DDC23과 KDC6 비교분류

1판 1쇄 인쇄_2022년 07월 10일
1판 1쇄 발행_2022년 07월 20일

편역자_김연경
펴낸이_홍정표

펴낸곳_글로벌콘텐츠
등록_제25100-2008-000024호

공급처_(주)글로벌콘텐츠출판그룹
대표_홍정표 이사_김미미 편집_하선연 권군오 이정선 문방희 기획·마케팅_김수경 이종훈 홍민지
주소_서울특별시 강동구 풍성로 87-6 전화_02-488-3280 팩스_02-488-3281
홈페이지_www.gcbook.co.kr

값 35,000원
ISBN 979-11-5852-375-6 93020

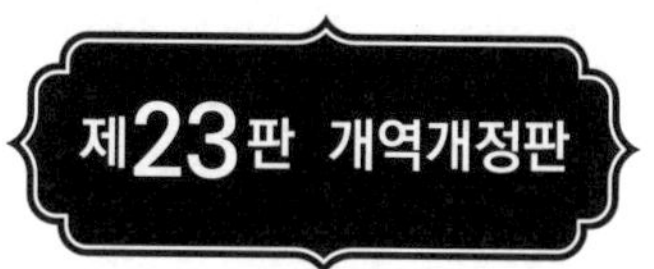

Dewey Decimal Classification

듀이십진분류법

동양관계세분전개표

DDC23과 KDC6 비교분류

김연경 편역

글로벌콘텐츠

간추린 간략식 번역

과학기술의 발전으로 인한 컴퓨터의 등장은 많은 분야에 영향을 미치고 있다. 현대에 이르러 컴퓨터는 모든 분야에 이용되고 있다고 해도 과언이 아닐 것이다.

각종 산업과 교통, 통신, 교육, 학문 연구, 경제, 경영, 행정 등 다각적인 면에서 이용되고 있는 실정이다.

도서관에서의 분류법은 자료조직에 있어서 기본적인 도구인 것이다. 도서관에서의 자료조직은 변화를 거듭하여, 필사의 시대에서 컴퓨터의 이용 시대로 변화 발전하고 있다.

DDC 제23판(2011년)은 전체 4권으로 구성되어 있으며 그 내용은 다음과 같다.

제1권 매뉴얼. 조기표 (보조표)

제2권 000-599 (총류 - 순수과학)

제3권 600-999 (기술과학 - 역사, 지리)

제4권 상관색인

도서관에서의 문헌분류의 능률을 위해 DDC의 번역본을 필요로 하게 되었다. 그리하여 여기에서는 여러 가지 여건상 완역본을 내지 못하고, 「간추린 간략식 번역본」을 내게 되었다. 본서는 특히 410-419, 810-819, 951-953을 한국 실정에 맞게 「국회도서관 전개표」를 위주로 재편성하였다. 그리고 「동양관계세분전개」 부분에는 그 번호 앞에 「 * 」 별표로 표시하고 국회도서관 법학부분 340-349는 부록으로 첨부하였다.

개역개정판에서는 잘못된 부분을 바로잡으려 했으며, 요목표(제3차 요약) DDC 제23판과 KDC 제6판의 비교분류를 제시하였다. 여기에 참고한 자료는 주로 김정현, [문헌분류의 실제] 제3판. 대구: 태일사, 2014 : 281-300. 예: 330경제학 [KDC 320] 340법학 [KDC 360]으로 표시하였다. 또한 국회도서관 동양관계세분전개표 개정판(2022)을 반영하였다.

본서의 목적은 DDC를 사용하는 대학도서관, 공공도서관 및 각종 도서관 관계연구자 및 문헌정보학과 학생들에게 도움이 되려고 하였다.

그동안 많은 관심을 가져주신 중앙대학교 남태우 교수님께 감사드리고, 상담지도 조언해 주신 김중권, 안태경 김영안, 이종엽, 홍정표, 이의현 박사님께 감사드린다. 잘못된 점을 지적해 주신 정애숙, 임현 선생님, 지대한 도움과 마음의 위안을 주신 유춘섭, 임동규, 최원준, 나창훈 팀장님, 김이현, 박원석, 박영수, 김진경, 김은옥 선생님께 감사드린다.

2022년 6월

김 연 경

*** DDC 제23판의 변경 주요부분, 동양전개**

DDC 제23판 내용	* 동양관계세분전개 변경내용
031 미국어백과사전	동아시아어 백과사전
051 미국정기간행물	동아시아 정기간행물
061 미국일반학회 단체	동아시아 일반학회 단체
071 미국신문언론	동아시아 신문 언론
081 미국어전집	동아시아어 전집
181 동양철학	181.1 한국철학
294 인도에서 발생된 종교	294 불교
410 언어학	401 언어학 *410 동아시아언어
411 문자학	401.1 문자학 *411 한국어
412 어원학	401.2 어원학 *412 중국어
413 사전	401.3 사전 *413 일본어
414 음운론, 음성학	401.4 음운론, 음성학 *414 인도어
415 문법	401.5 문법 *415 티베트, 오스토로-아시아어
417 방언, 속어	401.7 방언, 속어 *417 셈족어
418 표준어, 응용언어	401.8 표준어, 응용언어 *418 X
419 기호언어	401.9 기호언어 *419 기타아시아어
410-419	410-419 국회도서관 전개표 위주
619 xxx	619 동양의학. 한의학
745 장식미술	745 장식미술
745.65 동양서도	745.65 동양서도, 서예 국회도서관전개표
(789) (작곡가, 전승음악)	789 한국음악 국회도서관전개표
810-819 미국문학	동양문학. 국회도서관 전개표 위주
951-953	국회도서관 전개표 위주

참고: 국회도서관, 동양관계세분전개표 개정판(2022), KDC 제6판(2013)

법학부분 국회도서관 전개표와 DDC 제23판 비교

국회도서관 전개표	DDC 제23판
340 법학(전개차이)	법학
341 국제법(전개차이)	국제법
342 헌법	헌법과 행정법
343 형법	군사, 조세, 세법, 기업법...
344 행정법	노동법, 사회복지, 교육법, 문화관련
345 민법	형법
346 상법	사법
347 사법제도	민사소송과 법원
348 기타제법(각주제로분류)	법령집, 법규집, 판례집
349 법제사, 외국법	관할지역별, 법령집

DDC 제23판(2011년) 개정부분

새로운 번호	개정번호
777 영화촬영술. 비디오촬영술	000 - 계14 100 - 계8 200 - 계6 300 - 계54 400 - 계27 500 - 계3 600 - 계27 700 - 계36 800 - 계14 900 - 계7 ――――― 합계 196건

Dewey Decimal Classificatior

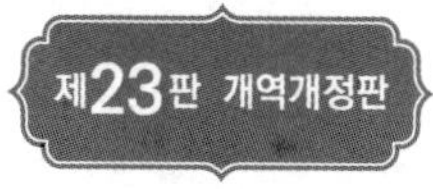

Dewey Decimal Classification

듀이십진분류법

동양관계세분전개표

DDC23과 KDC6 비교분류

조기표(보조표)

T1. 표준세구분 Table 1. Standard Subdivisions

-01 **철학 및 이론** Philosophy & theory

예: 교육철학 370.1

-015 과학적인 (학문) 원리 Scientific principles

예: 물리수학 530.15

-016 목록, 색인 Bibliographies, catalogs, indexes

예: 동양사관계논문목록 016.95

-019 심리학적인 원리 Psychological principles

-02 **편람. 총람. 핸드북. 잡집 Miscellany**

예: 도서관실무편람 020.2

-021 도표와 관련자료 Tabulated & related materials

도표, 명세서, 통계

-022 실례. 모형. 표본. 세밀화 Illustrations, models, miniatures

삽화. 모델. 축도

-023 직업, 업무, 취미로서의 주제들

The subject as a profession, occupation, ...

-024　특정직업에 종사하는 사람에 대한 저작

The subject for persons in specific...

-025　명감, 인물, 단체(인명록. 기관 주소록) Directories of persons and...

-(026)　법규 및 규정 Law

(1) 각종법규는 분류표(Main table)에 나타난 기호대로 사용한다.

예: 국제법 341　헌법 342

(2) 분류표(Main table)에 나타나 있지 않은 법규는 그 주제에 026을 부가하여 사용한다.

예: 자동차법전 388.026　환경관계법 344.046, 363.70026

기후변화법 551.6026　기상이변법 551.5026

-027　특허 및 식별표시 Patents & identification marks

-028　보조기술과 절차: 도구, 장비, 재료, 기술, 기구, 설비, 방법

Auxiliary techniques & procedures;...

-0285　컴퓨터 적용, 응용 Data processing Computer applications

-029　상업적인 편람, 내용, 상품목록 Commercial miscellany

-03 **辭典. 事典. 百科事典 Dictionaries, encyclopedias**

용어집 Concordances

(1) 특수주제에 한정된 사전류만 여기에 적용한다.

예: 체육학사전 796.03 농업대사전 630.3

(2) 일반백과사전은 030에서 언어공통구분한다.

예: 세계백과대사전(한국) 031.1

Encyclopedia Britannica 032

-04 **특정(수)한 논제 Special topics**

-05 **연속간행물 Serial publications**

예: 도서관문화 020.5

*일반연속간행물 050에서 언어구분한다.

예: 신동아 051.1

-06 **조직 및 경영. 관리 Organization & management**

-068 경영. 관리 Management

-07 **교육, 연구, 관련논제 Education, research, related topics**

교수방법, 연구방법, 연구법, 교수법에 관한 자료

예: 체육실기지도서 796.07

-071 학교 및 과정 Schools & courses

-072 조사. 연구 Research

통계적 방법 Statistical method 과학적 방법 Scientific method

예: 농사시험연구보고서 630.72

-074 박물관. 소장품. 전시목록

Museums, collections, exhibits. catalogs

-075 사물의 채집과 수집 Museum activites & services

-076 개관 및 연습문제 Review & exercise

시험문제집, 문제집

-078 학습, 교수에 있어서 장비와 도구사용(실험기자재)

Use of apparatus & equipment in study ...

-08 인물과 관련된 기술 및 역사

History and description with respect to kind of persons

-081 남성들 Men

-082 여성들 Women

-083 젊은이 young people

-084 성인의 특정연령층 Persons in specific stages of adulthood

-086　사회적·경제적 특성에 따른 인물

Persons by miscellaneous social...

-087　타고난(선천적) 장애자, 환자

Persons with disabilities & illnesses, ...

-088　직업단체와 종교단체　Occupational & religious groups

-089　민족, 종족, 국가구분　Ethnic & national groups

-09　역사적, 지리적, 인물취급

Historical, geographical persons treatment

예: 교육사　370.9　한국교육사　370.951

-092　인물　Persons　일반전기는 920에 분류한다.

*920.1-928.9에 선택 분류할 수 있다.

예: 白凡 金九: 생애와 사상　320.092 또는 923.2 중에서 선택 분류 한다.

세계인명사전　920

한국인명사전　920.051

각 개인의 전기 920

T2. 지리구분 Table 2. Geographic Areas

-4	유럽
-41	영국제도
-42	영국
-43	독일
-44	프랑스
-45	이탈리아
-46	스페인
-47	러시아·소련
-48	스칸디나비아
-49	기타유럽
-5	아시아
*-51	한국
*-52	중국
*-53	일본
-54	인도
-55	이란(페르시아)
-56	근동(중동)
-57	시베리아
-58	중앙아시아
-59	동남아시아
-6	아프리카
-7	북아메리카
-71	캐나다
-72	멕시코
-73	미국(미합중국)
-74	미국북동부
-75	미국남동부
-76	미국남부중앙
-77	미국북부중앙
-78	미국서부
-79	미국태평양연안
-8	남아메리카
-9	태평양제도
-94	오스트레일리아(호주)

T2-1. 한국지리구분 Table 2-1

-51	한국	-9	한국지방사
-519	서울(수도권)	-91	서울특별시(남경, 한양, 한성, 경성)
-5192	함경도, 량강도(두만강 포함)	-92	함경도, 량강도(관북지방)
-5193	평안도, 자강도(압록강 포함)	-93	평안도, 자강도(관서지방)
-5194	황해도(예성강 포함)	-94	황해도(해서지방)
-5195	경기도(한강 포함)	-95	경기도(기전지방)
-5196	강원도	-96	강원도(관동, 영동지방)
-5197	충청도(금강 포함)	-97	충청도(호서지방)
-5198	경상도(낙동강 포함)	-98	경상도(영남지방), 울릉도, 독도
-5199	전라도(영산강 포함)	-99	전라도(호남지방), 제주도(탐라지방)

이것은 주로 915.1과 951.9-.99에서 적용한다.

예: 서울백년사 951.91 서울지리지 915.191

경기도사 951.95 경기도지리지 915.195

T3. 문학형식구분 Table 3-A

-1 시 Poetry

-2 희곡 Drama

-3 소설 Fiction

-4 수필 Essays

-5 연설·웅변 Speeches

-6 서한·일기 Letters

-7 풍자·유머 Satire & humor

-8 잡문 Miscellaneous writings

*-9 방계어(傍系語)의 문학

T3-A. 특정개인의 저작

T3-B. 2인 이상에 의한 저작 xxx

T3-C. T3-B와 700.4, 808-809에서 지시된 추가기호

(문학의 특정요소, 주제 및 소재, 민족, 종족, 국가, 특정 사람 등을 세분한다.) xxx

T4. 언어공통구분 Table 4.

-1	표준어의 문자학(문자 체계) 및 음운론
	Writing systems & phonology
-11	문자학(문자 체계) Writing systems
-15	음운론 Phonology
-152	철자 및 발음 Spelling & pronunciation
-16	초분절 특징 Suprasegmental features
	연결 juncture. 억양 intonation. 강세 stress
-2	표준어의 어원 Etymology of the standard form...
-3	사전 Dictionaries of the standard form...
-31-39	이중(2개)언어사전 Bilingual dictionaries
	-3에 Table 6의 1-9를 부가하시오.
	예: 한일사전 413.311
	일한사전 413.311
	영한사전 423.11
	한영사전 423.11
	중한사전 412.311
	한중사전 412.311
-5	문법 Structural system(Grammar)
	어형론, 구문론, 형태론

-7 방언 및 통시 언어학 Historical & geographic variations modern nongeographic variations

-8 표준어법 및 응용언어학 Standard usage of the language (Prescriptive linguistics) Apllied linguistics

-802 번역, 통역을 포함 Translating to & from other...

하나의 언어를 다른 언어로 번역하는 것은 번역된 언어에 원래의 언어를 Table 6.의 1-9를 부가하시오.

예: 중국어를 영어로 번역 428.0212

영어를 한국어로 번역 411.8022

-84 읽기 Reading

-86 선독·독본 Readers

T5. 민족, 종족, 국가구분 Table 5. xxx

T6. 언어구분 Table 6. Languages

*-1	동양어
*-11	한국어
*-12	중국어
*-13	일본어
*-14	인도어
*-15	티베트어·오스트로-아시아어
*-16	퉁구스·몽고·터키어
*-17	세마이트어
*-19	기타동양어
-2	영어
-3	독일어
-4	프랑스어
-5	이탈리아어
-6	스페인어
-7	라틴어
-8	희랍어
-9	기타언어

주류표(제1차 요약)

000 컴퓨터과학, 정보, 총류

Computer science, information & general works

100 철학 및 심리학 Philosophy & psychology

200 종교 Religion

300 사회과학 Social Sciences

400 언어 Language(KDC 자연과학)

500 자연과학 Natural Science(KDC 기술과학)

600 기술과학, 응용과학 Technology(Applied sciences)

(KDC 예술)

700 예술 및 레크리에이션 Art & recreation(KDC 언어)

800 문학 및 수사학 Literature & rhetoric

900 역사 및 지리 History & geography

강목표(제2차 요약)

000	**컴퓨터과학, 지식, 시스템**
010	서지학
020	문헌정보학
030	백과사전
040	
050	일반연속간행물
060	일반단체 및 박물관학
070	뉴스매체, 저널리즘, 출판
080	일반 전집, 총서
090	사본, 희귀본
100	**철학**
110	형이상학
120	인식론
130	초심리학과 신비주의
140	철학파
150	심리학
160	논리학
170	윤리학
180	동양철학
190	서양철학
200	**종교**
210	종교철학 및 이론
220	성 서
230	기독교 교리신학
240	기독교 윤리, 헌신신학
250	목회학
260	기독교 사회학 및 교회론
270	기독교회사
280	기독교회와 각 교파
290	기타 종교
300	**사회과학**
310	일반통계
320	정치학
330	경제학
340	법 학
350	행정학, 군사학
360	사회복지, 사회문제, 사회서비스
370	교육학
380	상업, 무역, 통신, 교통
390	풍속, 민속학
400	**언어**
*410	동양어
420	영어
430	독일어
440	프랑스어
450	이탈리아어
460	스페인어(서반아어)
470	라틴어
480	희랍어
490	기타언어
500	**자연과학**
510	수학
520	천문학
530	물리학
540	화학
550	지구과학
560	고생물학
570	생명과학, 생물학
580	식물학
590	동물학
600	**기술과학(응용과학)**
610	의학
620	공학, 공업일반
630	농업, 농학
640	가정학
650	경영 및 보조서비스
660	화학공학, 화학공업
670	제조업(원료)재료별
680	특수제조업(공정)제품화
690	건축공학
700	**예술 및 장식미술**
710	도시계획 및 조경
720	건축술
730	조각, 조형
740	그래픽아트, 장식미술
750	회 화
760	판화, 판각
770	사진술, 컴퓨터아트, 필름, 비디오
780	음 악
790	레크리에이션 및 공연예술
800	**문학 및 수사학**
*810	동양문학
820	영·미 문학
830	독일문학
840	프랑스문학
850	이탈리아문학
860	스페인문학
870	라틴문학
880	고대 및 현대 그리스문학
890	기타 제 문학
900	**역사, 지리**
910	지리, 여행
920	전기, 계보학, 기장
930	고대세계사
940	유럽역사
*950	동양역사
960	아프리카역사
970	북아메리카역사
980	남아메리카역사
990	대양주·극지

요목표(제3차 요약)

-총 류- *오른쪽 [ ]는 KDC

000 컴퓨터과학, 지식, 시스템 [000]
001 지식·학문일반 [001]
002 도서학 [010]
003 시스템 [003]
004 전산학, 컴퓨터과학 [004]
005 컴퓨터프로그래밍, 프로그램 [005]
006 컴퓨터사용의 특수한 방법 [004]
007
008
009

010 서지학 [010]
011 일반서목 [017]
012 개인서목 [014]
013
014 무저자 및 익명서목 [017.5]
015 국별서목 [015]
016 주제별서목 [016]
017 일반주제서목 [018-019]
018
019

020 문헌정보학, 도서관학 [020]
021 도서관관련기관 [025]
022 도서관건물 및 설비 [022]
023 도서관인사관리 [025]
024
025 도서관운영 [023-025]
026 특수도서관 [026.8]
027 일반도서관 [026]
028 독서 및 독서지도 [029]
029

030 백과사전 [030]
*031 동아시아어 [031]
032 영어 [044, 081.4, 082]
033 독일어 [035]
034 프랑스어 [036]
035 이탈리아어 [038]
036 스페인어 [037]
037 러시아어 [039.28-29]
038 스칸디나비아어 [035.95]
039 기타언어 [031-033, 039]

040
041
042
043
044
045
046
047
048
049

050 일반연속간행물 [050]
*051 동아시아어 [051]
052 영어 [054]
053 독일어 [055]
054 프랑스어 [056]
055 이탈리아어 [058.8]
056 스페인어 [057]
057 러시아어 [058.928-929]
058 스칸디나비아어 [055.95]
059 기타언어 [051-053, 058]

060 일반단체, 박물관학 [060]
*061 동아시아 일반학회. 단체 [061]
062 영·캐나다 일반학회, 단체 [062.4]
063 독일 일반학회, 단체 [062.5]
064 프랑스 일반학회, 단체 [062.6]
065 이탈리아 일반학회, 단체 [062.8]
066 스페인 일반학회, 단체 [062.7]
067 러시아 일반학회, 단체 [062.9]
068 기타 국가의 일반학회, 단체 [061, 063, 065-067]
069 박물관학 [069]

070 뉴스매체, 저널리즘, 출판 [070]
*071 동아시아 신문, 언론, 저널리즘 [071]
072 영·미 신문, 언론, 저널리즘 [072.4]
073 독일 신문, 언론, 저널리즘 [072.5]
074 프랑스 신문, 언론, 저널리즘 [072.6]
075 이탈리아 신문, 언론, 저널리즘 [072.8]
076 스페인 신문, 언론, 저널리즘 [072.7]
077 러시아 신문, 언론, 저널리즘 [072.9]
078 스칸디나비아 신문, 언론, 저널리즘 [072.3]
079 기타국가의 신문, 언론, 저널리즘 [071, 073, 075-077]

080 일반전집, 총서 [040, 080]
*081 동아시아 전집 [081]
082 영어 전집 [044, 081.5, 082.5]
083 독일어 전집 [045, 081.5, 082.5]
084 프랑스어 전집 [046, 081.6, 082.6]
085 이탈리아어 전집 [048,081.8, 082.6]
086 스페인어 전집 [047, 081.7, 082.7]
087 러시아어 전집 [049.8, 081.928-929,082.928-929]
088 스칸디나비아어 전집 [049.595, 081.595, 082.595]
089 기타 언어 전집 [049, 081.9, 082.9]

090 사본 . 희귀본 [012]
091 사본, 필사본 [012.1]
092 목판본 [012.2]
093 고판본 [012.2] [KDC 091-099 공란]
094 희귀본
095 희귀장정본
096 희귀삽화 및 자료
097 유명한 판본 소유자
098 금서, 위조본
099 유명한 판본

-철 학-

100 **철학 및 심리학 [100]**
101 이론 및 철학 [101]
102 잡저 [102]
103 사전, 사전, 용어사전 [103]
104
105 연속간행물 [105]
106 조직 및 경영 [106]
107 교육 및 연구
108 인물과 관련기술 역사 [100]
109 철학사 [109]

110 **형이상학 [110]**
111 존재론 [112]
112
113 우주론 [113]
114 공간 [113.1]
115 시간 [113.2-3]
116 운동과 변화 [113.5]
117 구 조 [113.6, 113.8]
118 힘과 에너지 [113.4]
119 수량, 질 량 [113.7]

120 **인식론 [120]**
121 인식론, 지식론 [121]
122 원 인 [122]
123 결정론 및 비결정론 [123]
124 목적론 [124]
125
126 자아, 의식, 인격 [126]
127 무의식과 잠재의식 [181.38]
128 인류, 인간학 [126]
129 개개영혼의 기원과 운명 [126.4]

130 **초심리학과 신비주의 [187-188]**
131 초심리적 신비적 방법 [187]
132
133 초심리학과 신비주의주제 [187]
134
135 꿈과 신비 [181.383]
136
137 예언적 필적학 [188]
138 인상학, 관상학 [188.1]
139 골상학 [188.16]

140 **특정 철학파 [130]**
141 이상주의, 관념론 [131]
142 비판철학 [132]
143 베르그송철학, 직관주의 [132]
144 인본주의 휴머니즘 [139]
145 감각론 [134]
146 자연주의 [135-138]
147 범신론 [131.7]
148 절충, 자유, 전통 [139]
149 기타 철학논제 [133, 139]

150 **심리학 [180]**
151
152 인지, 운동, 감정 [181.2, 181.8]
153 의식적정신작용과 지능 [181.3-4]
154 잠재의식과, 변화과정 [181.38]
155 발달심리학, 차이심리학 [182-183]
156 비교심리학 [182.9]
157
158 응용심리학 [189]
159

160 **철학적 논리학 [170]**
161 귀납법 [172]
162 연역법 [171]
163
164
165 오류, 허위성 [175]
166 삼단논법 [171]
167 가설, 가정 [177]
168 논증, 설득 [179]
169 유추 [178]

170 **윤리학 [190]**
171 윤리학체계 [191]
172 정치윤리 [193]
173 가정윤리 [192]
174 직업윤리, 경제윤리 [195]
175 오락, 대중공연, 방송윤리 [196]
176 성윤리, 생명복제윤리 [197]
177 사회윤리 [194]
178 소비윤리 [198]
179 기타 윤리 [190]

180 **고대, 중세, 동양철학 [140-150]**
*181 동양철학 [140-150]
182 소크라테스 이전 철학 [16021]
183 괴변철학, 소크라테스 철학 [160.22]
184 플라톤 철학 [160.23]
185 아리스토텔레스 철학 [160.24]
186 회의론, 신 플라톤 철학 [160.27]
187 에피쿠로스 철학 [160.26]
188 스토아 철학 [160.25]
189 중세서양철학 [160.3]

190 **현대서양철학 [160]**
191 미국·캐나다 철학 [162]
192 영국 철학 [164]
193 독일, 오스트리아 철학 [165]
194 프랑스 철학 [166]
195 이탈리아 철학 [168]
196 스페인 철학, 포르투갈철학 [167]
197 러시아 철학 [169]
198 스칸디나비아 철학 [163]
199 기타지역 철학 [169.9]

-종 교-

200 종교 [200]
201 종교신화와 사회이론 [210.1]
202 교리·교의 [211]
203 예배와 기타의식 [217]
204 종교체험, 생활과 실천 [214]
205 종교윤리 [214.1]
206 창교자 및 종단 [212]
207 선교 및 교육활동 [215]
208 경전·성전 [213]
209 종파(교파)와 개혁운동 [218]

210 종교철학 및 이론 [201, 204]
211 신의 개념 [204.1]
212 신의 존재인식, 속성 [204.1]
213 창조 [204.3]
214 신정론, 호신론 [204.5]
215 과학과 종교 [204.4]
216
217
218 인류 [204.24]
219

220 성서 [233]
221 구약성서 [233.1]
222 역사서 [233.2]
223 시가서 [233.3]
224 예언서 [233.4]
225 신약성서 [233.5]
226 복음서 [233.6]
227 사도서한 [233.7]
228 요한계시록 [233.8]
229 외경, 위경 [233.9]

230 기독교, 기독교신학 [231-232]
231 하나님 [231.1]
232 예수와 그의 가족 [232]
233 인간론 [231.3]
234 구원론과 은총 [231.4]
235 영적인 존재 [231.2]
236 종말론, 내세론 [231.6]
237
238 사도신경, 신앙고백 [231.8]
239 신학적 변증론, 논증법 [231.9]

240 기독교도덕, 헌신신학 [234]
241 기독교윤리 [234.1]
242 헌신문학 [234]
243 개인, 가정용 전도 물 [234.2]
244
245
246 기독교 예술 [600.423]
247 성구, 성복 [237.8]
248 신앙체험, 실천 [234.8]
249 가정신앙생활 [234.9]

250 지방(역)교회, 기독교의식 [235-236]
251 설교법 [235.1]
252 설교집 [235.2]
253 목회학 [235.3]
254 교회행정(관리) [236.2-4]
255 집회 및 의식 [236.8]
256
257
258
259 가족에 대한 목사의 역할 [235.35]

260 기독교사회 및 조직신학 [235-237]
261 사회신학, 타종교간의 관계 [235.7]
262 교회학, 교회조직 [236]
263 종교의식의 준수 [237.3]
264 공공, 공중예배 [237.1]
265 성례, 기타예식 및 행위 [237.4]
266 전도, 선교 [235.4-6]
267 종교단체 [230.6]
268 종교교육 [235.7]
269 심령부흥회 [235.4]

270 기독교역사 [236.9]
271 종교적 집회, 수도회 역사 [236.8]
272 기독교 박해역사 [236.9]
273 이단, 이교역사 [236.902-905]
274 유럽 기독교회사 [236.92]
275 아시아 기독교회사 [236.91]
276 아프리카 기독교회사 [236.93]
277 북아메리카 기독교회사 [236.94]
278 남아메리카 기독교회사 [236.95]
279 기타지역 기독교회사 [236.9]

280 기독교 교파 [238]
281 초기교회와 동방교회 [238.1]
282 로마 카톨릭 교회 [238.2]
283 영국교회(성공회) [238.3]
284 프로테스탄트교회(개신교) [238.4]
285 장로교회 [238.5]
286 침례교회, 예수재림교회 [238.6]
287 감리교회 [238.7]
288
289 기타 기독교 교파 [238.8]

290 기타종교 [210-220, 240-290]
291
292 희랍, 로마종교 [292.1-2]
293 독일종교 [292.5]
*294 불 교 [220, 270, 291.5]
295 조로아스터교, 배화교 [289]
296 유태교 [239]
297 이슬람교, 회교 [280]
298
299 기타 제 종교 [290]

-사회과학-

300 **사회과학 [300]**
301 사회학, 인류학 [330]
302 사회적상호작용, 영향 [331.1]
303 사회적과정 [331.1]
304 사회적 행동 요인 [322.92, 331.4,]
305 사회집단 [331.2, 332]
306 문화 및 관례 [332-336]
307 지역사회, 공동사회 [331.4, 335]
308
309

310 **일반통계 [310]**
311
312
313
314 유럽 [312]
315 아시아 [311]
316 아프리카 [313]
317 북아메리카 [314]
318 남아메리카 [315]
319 기타지역 [316-317]

320 **정치학 [340]**
321 국가, 정치체제 [341]
322 조직집단과 국가 관계 [342]
323 시민과 정치적 권리 [342]
324 정치적 과정 [344, 346]
325 이민 및 식민지화 [322.95-96]
326 노예화와 해방 [342.3]
327 국제관계, 외교 [346]
328 입법과정 [345]
329

330 **경제학 [320]**
331 노동경제학 [321.5]
332 금융경제학 [327]
333 토지와 에너지경제 [321.32]
334 협동조합 [324.2]
335 사회주의 관련체제 [320.904]
336 재정학 [329]
337 국제경제, 세계경제 [322.8]
338 생산경제, 산업 [322-324, 522]
339 거시경제 관련논제

340 **법학 [360]**
341 국제법 [361]
342 헌 법과 행정법 [362-363]
343 군사, 조세, 무역법 [365, 368]
344 노동, 사회보장, 교육 [365, 368]
345 형법 [364]
346 사법 [365-366]
347 소송 법정, 민사소송 [367]
348 법령집, 법규집, 판례집
349 관할지역별, 법령집 [369]

350 **행정학 및 군사학 [350, 390]**
351 행정학 지역별, 국가별 [350]
352 행정각론 고려사항 [350]
353 특수(특정)행정 [350]
354 경제, 환경행정 [350]
355 군사학 [395]
356 보병 및 전투 [396]
357 기갑부대 및 전투 [396]
358 공군 및 기타특수병력 [396]
359 해군 및 전투 [397]

360 **사회문제 및 서비스 [328, 338-339, 364]**
361 사회문제 및 복지 [338]
362 사회복지문제 및 서비스 [338]
363 기타사회문제 및 서비스 [338]
364 범죄학, 형사학 [364.4, 364.6]
365 행형, 관련기관 [364.61]
366 사회단체 [339]
367 일반단체(사교단체) [339]
368 보험 [328]
369 기타 사회단체 [339]

370 **교육학 [370]**
371 학교조직과 관리 [371-373, 379]
372 유아, 초등교육 [375]
373 중등교육(중. 고등학교) [376]
374 성인교육 [378]
375 교육과정 [374]
376
377
378 대학, 전문, 고등교육 [377]
379 교육정책 [371]

380 **상업, 무역, 통신, 교통 [326]**
381 국내 상업 [326.1]
382 국제 무역 [326.2]
383 체신, 우편 [326.4]
384 통신 [326.4-7]
385 철도운송 [326.34]
386 내륙수로운송 [326.35]
387 해양, 항공운송 [326.36-38]
388 교통, 운송 [326.3]
389 도량형학, 표준화 [420.71]

390 **풍속, 예절, 민속학 [380]**
391 복장(의복)장신구 [381]
392 생활풍습 [382-384]
393 장례풍습 [384.6]
394 일반풍습 [381-383]
395 예절, 예법풍습 [385]
396
397
398 민속학, 민간전승 [388]
399 전쟁관습 [387]

-언 어-

400	**언어 [700]**	**450**	**이탈리아어, 루마니아어 [780]**
401	언어학 [701.01]	451	음운, 음성, 문자 [781]
402	잡저 [702]	452	어원 [782]
403	사전, 사전 [703]	453	이탈리아어 사전 [783]
404	언어의 특수 토픽 [700]	454	
405	연속간행물 [705]	455	이탈리아어 문법 [785]
406	단체 및 경영관리 [706]	456	
407	교육, 연구 [707]	457	방언, 속어 [788]
408	인물과 관련 언어 [700]	458	이탈리아어 표준용법 [784, 786-787]
409	지리 및 전기 [709]	459	루마니아어 [789]
***410**	**동양제국어 [710-730]**	**460**	**스페인어, 포루투갈어 [770]**
*411	한국어 [710]	461	음운, 음성, 문자 [771]
*412	중국어 [720]	462	어원 [772]
*413	일본어 [730]	463	스페인어 사전 [773]
*414	인도어 [792]	464	
*415	티베트, 오스트로 [796]	465	스페인어 문법 [775]
*416	퉁구스, 몽고 [739.2-4]	466	
*417	세마이트어, 셈족어 [797]	467	방언, 속어 [778]
*418		468	스페인어 표준용법 [774, 776-777]
*419	기타 아시아어 [739]	469	포르투갈어 [779]
420	**영어 [740]**	**470**	**라틴어 [792.2]**
421	영어체계, 음운론 [741]	471	문자 체계, 음운론 [792.2]
422	어 원 [742]	472	어원 [792.2]
423	영어사전 [743]	473	라틴어 사전 [792.2]
424		474	
425	영어문법 [745]	475	라틴어 문법 [792.2]
426		476	
427	방언, 속어 [748]	477	방언, 속어 [792.2]
428	영어 표준용법 [747]	478	라틴어 표준용법 [792.2]
429	고대영어 [749]	479	기타 라틴어 [792.2]
430	**독일어 [750]**	**480**	**고대그리스어 [792.1]**
431	문자 체계, 음운론 [751]	481	문자 체계, 음운론 [792.1]
432	어 원 [752]	482	고대그리스어 어원 [792.1]
433	독일어 사전 [753]	483	그리스어 사전 [792.1]
434		484	
435	독일어문법 [755]	485	고대그리스어 문법 [792.1]
436		486	
437	방언, 속어 [758]	487	고대이전 및 이후그리스어 [792.1]
438	독일어 표준용법[754,756,757]	488	그리스어 표준용법 [792.1]
439	기타 독일어 [759]	489	기타 그리스어, 현대그리스어 [792.1]
440	**프랑스어 [760]**	**490**	**기타언어 [710-730, 790]**
441	문자체계, 음운론 [761]	491	동인도-유럽계어 [792]
442	어 원 [762]	492	아시아-아프리카어 [797]
443	프랑스어 사전 [763]	493	비셈족어 [798]
444		494	우랄, 알타이어 [739.4]
445	프랑스어 사전 [763]	495	*410 동양 제 국어 [710-730]
446		496	아프리카 제 국어 [793]
447	방언, 속어 [768]	497	북아메리카 원주민어 [794]
448	프랑스어 표준용법[764, 766,767]	498	남아메리카 원주민어 [795]
449	오시탄, 카탈로니아어 [769]	499	오스트로네시아어 [796]

-자연과학 및 수학-

500 자연과학 및 수학 [400]
501 철학 및 이론 [401]
502 잡저(편람, 제표) [402]
503 사전, 용어집 [403]
504
505 연속간행물 [405]
506 조직과 경영 [406]
507 교육 및 연구 [407]
508 자연사, 박물학 [408]
509 과학사 [409]

510 수 학 [410]
511 일반수학원리 [411]
512 대수학 [412]
513 산 수 [413]
514 위상수학 [410.07]
515 해석수학 [414]
516 기하학 [415]
517
518 수치해석 [414]
519 확률론, 응용수학 [413]

520 천문학 [440]
521 천체역학 [441]
522 기법, 절차, 장치 [442]
523 특정천체와 현상 [443]
524
525 지구(천문지리) [445]
526 수리 지리학 [446]
527 천문항해학 [447]
528 천체력, 천문력 [448]
529 역법, 연대학 [448]

530 물리학 [420]
531 고체역학, 고역학 [421]
532 유체역학 [422]
533 기체역학 [423]
534 음향학, 진동학 [424]
535 광학 [425]
536 열역학 [426]
537 전기, 전자학 [427]
538 자기학 [428]
539 현대물리학 [429]

540 화 학 [430, 460]
541 물리화학 [431]
542 기법, 절차, 장치 [442]
543 분석화학 [433]
544
545
546 무기화학 [435]
547 유기화학 [437]
548 결정학 [469]
549 광물학 [460]

550 지구과학 [450]
551 지질학, 수문학, 기상학 [451-456]
552 암석학 [459]
553 경제지질학 [458]
554 유럽지질학 [450.92]
555 아시아 지질학 [450.91]
556 아프리카지질학 [450.93]
557 북아메리카 지질학 [450.94]
558 남아메리카 지질학 [450.95]
559 기타지역 지질학 [450.96-97]

560 고생물학 [457]
561 고식물학 [457.1]
562 고무척추동물학 [457.22]
563 고해양무척추동물 [457.23]
564 고연체동물 [457.24]
565 고절지동물 [457.25]
566 고척색동물 [457.26]
567 고어류 [457.27]
568 고조류(새) [457.28]
569 고포유류동물 [457.29]

570 생물학 [470]
571 생리학, 관련주제 [472.1]
572 생화학 [472.193]
573 특정한 동물생리체계 [491.1]
574
575 특정한 식물생리체계 [481.1]
576 유전과 진화 [476]
577 생태학 [472.5]
578 생물체의 자연사 관련주제 [477]
579 미생물, 균류, 해조류 [475,483]

580 식물학 [480]
581 식물자연사의 특정한 논제 [481]
582 특정한 재배특징의 식물 [485]
583 쌍자엽식물 [489]
584 단자엽식물 [488]
585 나자식물 [486]
586 은화식물 [482]
587 양치식물 [484.9]
588 선태류식물 [484.8]
589

590 동물학 [590]
591 동물자연사 특정한 논제 [491]
592 무척추동물 [492]
593 해양무척추동물 [493]
594 연체동물, 의연체동물, 패류 [494]
595 절지동물, 곤충류 [495]
596 척색동물 [496]
597 냉혈동물 [497]
598 조류(새) [498]
599 포유류동물 [499]

-기술과학(응용과학)-

600	**기술과학 [500]**
601	철학 및 이론 [501]
602	잡저 [502]
603	사전 [503]
604	기술설계 [500]
605	연속간행물 [505]
606	조직 및 단체 [506]
607	교육 및 연구 [507]
608	특허(권) [502.9]
609	역사, 지리, 전기 [509]
610	**의학 과 건강 [510]**
611	인체해부학 [511.4]
612	인체생리학 [511.1]
613	개인건강, 안전 [517]
614	법의학, 공중위생 [517]
615	약리학, 치료 [518]
616	내과학 [512-513]
617	외과학 [514-515]
618	산부인과, 소아과, 노인병 [516]
619	동양의학. 한의학
620	**공학, 공업 [530,550-560]**
621	응용물리학 [552-554,560]
622	채광공학 [559.6]
623	군사공학, 항해공학 [559.3-4]
624	토목공학 [531]
625	철도공학, 도로공학 [534-535]
626	
627	수력공학, 수리공학 [537]
628	위생, 도시, 환경공학 [539]
629	기타공학 [556,558]
630	**농업, 농학 [520]**
631	기법, 절차, 장치 [521]
632	상해, 병충해 [523.5-6]
633	작물학 [524]
634	과수재배, 삼림 [525-526]
635	원예, 채소재배 [525]
636	축산학 [527]
637	낙농, 관련제품 [527.5]
638	양봉, 양잠 [527.7-8]
639	수렵, 어업, 보존 [529]
640	**가정 및 가족관리 [590]**
641	식품과 음료 [594]
642	식사와 접대 [594.8]
643	주택관리, 가정설비 [595]
644	가정용 상비도구, 기구 [595.7]
645	가구설비 [595.4]
646	의복, 재봉 [592]
647	공동주거관리 [596]
648	가정관리 [597]
649	육아 [598]
650	**경영 및 보조서비스 [325-326]**
651	사무관리 [325.4]
652	사무통신, 쓰기 [325.5]
653	속기법 [325.53]
654	
655	
656	
657	회계학 [325.9]
658	경영관리, 일반경영학 [325]
659	광고 및 홍보 [326.14]
660	**화학공학 [570]**
661	공업화학, 화학공업 [571]
662	폭발물, 연료공업 [572]
663	음료공업 [573]
664	식품공학 [574]
665	유지, 석유, 식초, 가스공업 [575]
666	요업공업, 세라믹공학 [576]
667	세탁, 채색 염색공업 [577]
668	기타 유기화학공업 [578-579]
669	야금술, 금속공학 [559.7]
670	**제조업(원료) 재료별 [580]**
671	금속제조, 가공 [581]
672	철, 강철, 철합금 [582]
673	비철금속 [582.9]
674	목재가공 [584]
675	피혁, 모피가공 [585]
676	펄프, 제지공업 [586]
677	섬유공업 [587]
678	합성고무 [587.1-7]
679	기타 제조업 [589.9]
680	**특수제조업(공정) 제품화 [580]**
681	정밀기계 [555]
682	소규모철공, 대장간 [583]
683	철물 및 가정기구 [583]
684	가구제조 [584.9]
685	피혁, 모피관련제품 [585]
686	인쇄공업 [586.7]
687	의류제조, 액세서리 [588]
688	기타 상품 및 포장기술 [589]
689	
690	**건축공학 [540]**
691	건축재료 [541]
692	건축실무 [542]
693	특정건축재료, 목적 [543]
694	목구조 [544]
695	지붕설비 [545.3]
696	건축설비, 배관 [546]
697	난방, 환기, 공기조절 [547]
698	건축상의 세부완성 작업 [548]
699	

-예 술-

700 예술 [600]
701 철학 및 이론 [600]
702 잡저 [600.2]
703 미술사전 [600.3]
704 예술특별논제 [600]
705 연속간행물 [600.5]
706 단체 경영관리 [600.6]
707 교육 및 연구 [600.7]
708 미술관, 박물관 [600.8]
709 역사 지리 전기 [600.9]

710 도시계획, 조경 [539.7, 525.9]
711 도시계획 [539.7]
712 조경술(학) [525.9]
713 도로조경 [525.9]
714 조경과 물 [525.9]
715 조경과 수목 [525.9]
716 조경 장식용 화초 [525.9]
717 조경과 구조물 [525.9]
718 묘지조경 설계 [525.9]
719 자연경관 [525.9]

720 건축술 [540]
721 건축구조 690.1 참조 [545]
722 고대건축 [540.09202]
723 중세건축 [540.09203]
724 근대건축 [540.09204]
725 공공건물 [549.3,549.5-6]
726 종교건물 [549.2]
727 교육용건물 [549.37,549.4]
728 주거용건물 [549.7]
729 건축의장, 장식 [548.9]

730 조각 및 관련 예술 [620]
731 조각과정, 형식, 주제 [622]
732 고대조각 [620.902]
733 그리스, 로마조각 [620.903]
734 중세조각 [620.903]
735 근세조각 [620.904]
736 조각, 조각술 [623-624,627]
737 화폐고전학, 인장학 [628]
738 세라믹, 도자기예술 [626,631]
739 금속조각 [625]

740 그래픽아트, 장식미술 [630-650]
741 도화, 소묘, 데생 [656-658]
742 원근화법 [652.1,656.21]
743 주제별도화 [656-658]
744
745 장식미술 [632-635, 637,640, 658]
746 직물예술, 직물공예 [636]
747 실내장식 [619.5]
748 유리장식 제품 [631.9]
749 가구 및 부속품 [638]

750 회화 [650]
751 기법, 절차, 장치 [652]
752 색채론 [651]
753 상징화, 풍유화, 신화, 전설 [654.1]
754 풍속화 [654.3]
755 종교화 [654.2]
756
757 초상화 [654.5]
758 기타 주제 [654.4, 654.9]
759 역사, 지리, 전기 [653]

760 판화, 인쇄 [659]
761 부조각, 양각 [622.6]
762
763 석판화 [659.4]
764 착색, 다색 석판화 [659.4]
765 금속판화 [659.5]
766 메조틴트 판화 [659.5]
767 부식판화, 동판조각 [659.5]
768
769 인쇄, 판화 [659]

770 사진술, 컴퓨터아트 [660]
771 기법, 절차, 장치 [661]
772 사진의 금속염처리 [660.13]
773 사진의 착색처리 [660.13]
774 레이저(입체) 사진술 [666.8]
775 디지털 사진 [666.8]
776 컴퓨터아트(예술) [666.8]
777 영화촬영술, 비디오촬영술 [666-667]
778 특수사진술 [666-667]
779 사진집 [668]

780 음악 [670]
781 음악이론, 형식 [671-672, 679]
782 성악 [673-674]
783 독창음성, 합창, 합창곡[673.2-3]
784 기악합주 [675]
785 합주곡, 앙상블 [675]
786 건반악기, 전자악기, 타악기 [676]
787 현악기 [677]
788 취주악기, 관악기 [678]
*789 한국음악 [679]

790 레크리에이션, 공연예술 [680-690]
791 대중공연 [683, 686-689]
792 무대공연, 상연 [681-682, 684]
793 실내게임 [691]
794 실내기능게임 [691]
795 찬스게임 [691]
796 체육, 스포츠 [692-695, 697-699]
797 수상 및 공중경기 [696]
798 승마스포츠 [698.6]
799 낚시, 사냥, 사격 [698.7, 699.5,7]

-문 학-

800	**문학 [800]**	**850**	**이탈리아문학 [880]**
801	철학 및 이론 [801]	851	시 [881]
802	잡저 [800.2]	852	희곡 [882]
803	사전, 사전 [803]	853	소설 [883]
804		854	수 필[884]
805	연속간행물 [805]	855	연설, 웅변 [885]
806	단체 및 경영관리 [806]	856	일기, 서간, 기행 [886]
807	교육 및 연구 [807]	857	풍 자 [887]
808	전집, 총서 [802, 808]	858	잡문학 [888]
809	역사, 해설, 비평 [809]	859	루마니아문학 [889]
***810**	**동양문학 [810-817]**	**860**	**스페인문학 [870]**
*811	한국문학 [811]	861	시 [871]
*812	중국문학 [812]	862	희곡 [872]
*813	일본문학 [813]	863	소설 [873]
*814	인도문학 [814]	864	수필 [874]
*815	티베트, 오스트로 [896]	865	연설, 웅변 [875]
*816	퉁구스, 몽고, [839.2-4]	866	일기, 서간, 기행 [876]
*817	세마이트, 셈족문학 [897]	867	풍자 [877]
*818		868	잡문학 [878]
*819	기타 아시아문학 [839]	869	포르투갈문학 [879]
820	**영·미문학 [840]**	**870**	**라틴문학 [892.2]**
821	시 [841]	871	시 [892.2]
822	희곡 [842]	872	희곡 [892.2]
823	소설 [843]	873	소설 [892.2]
824	수필 [844]	874	수필 [892.2]
825	연설, 웅변 [845]	875	연설, 웅변 [892.2]
826	일기, 서간, 기행 [845]	876	일기, 서간, 기행 [892.2]
827	풍자 [857]	877	풍자 [892.2]
828	잡문학 [848]	878	잡문학 [892.2]
829	고대영문학 [849]	879	기타 라틴문학 [892.2]
830	**독일문학 [850]**	**880**	**고대 그리스문학 [892.1]**
831	시 [851]	881	시 [892.1]
832	희곡 [852]	882	희곡 [892.1]
883	소설 [853]	883	서사시, 소설 [892.1]
834	수필 [854]	884	서정시 [892.1]
835	연설, 웅변 [855]	885	연설, 웅변 [892.1]
836	일기, 서간, 기행 [856]	886	일기, 서간, 기행 [892.1]
837	풍자 [857]	887	풍자 [892.1]
838	잡문학 [858]	888	잡문학 [892.1]
839	기타 독일문학 [859]	889	현대그리스문학 [892.1]
840	**프랑스문학 [860]**	**890**	**기타 언어의 문학 [810-830, 890]**
841	시 [861]	891	동인도-유럽계 문학 814 참조 [892]
842	희곡 [862]	892	아시아 아프리카문학 [897]
843	소설 [863]	893	비셈족문학 [898]
844	수필 [864]	894	알타이, 우랄, 북극, 드라비다 [839.4]
845	연설, 웅변 [865]	895	*810 동양문학 [810-830]
846	일기, 서간, 기행 [866]	896	아프리카 문학 [896]
847	풍자 [867]	897	북아메리카 원주민 문학 [894]
848	잡문학 [868]	898	남아메리카 원주민 문학 [895]
849	프로방스문학 [869]	899	오스트로네시아 문학, 기타문학 [899]

-역사 및 지리-

900	**역사 [900]**	**950**	**아시아역사 [910]**
901	철학 및 이론 [901]	*951	한국역사 [911]
902	잡저 [900.2]	*952	중국역사 [912]
903	사전, 사전 [903]	*953	일본역사 [913]
904	사건기록 모음집 [900]	954	인도역사 [915, 919]
905	연속간행물 [905]	955	이란, 아라비아 [918.3, 919]
906	단체 및 경영관리 [906]	956	중동 [918]
907	교육 및 연구 [907]	957	시베리아 [917]
908	특정인물 관련사 [900]	958	중앙아시아 [916]
909	세계사, 세계문화사 [909]	959	동남아시아 [914]
910	**지리, 여행 [980]**	**960**	**아프리카역사 [930]**
911	역사지리 [902.8]	961	북아프리카 [931]
912	지도, 지도책 [989]	962	이집트 [932]
913	고대세계지리, 여행 [980]	963	에디오피아 [937.1]
914	유럽지리, 여행 [982]	964	모로코 [933.4-9]
915	아시아지리, 여행 [981]	965	알제리 [933.3]
916	아프리카지리, 여행 [983]	966	서부 아프리카 [934]
917	북아메리카지리, 여행 [984]	967	중부 아프리카 [936-937]
918	남아메리카지리, 여행 [985]	968	남부 아프리카, 남아프리카공화국 [938]
919	기타지역지리, 여행 [986-987]	969	남인도양제도 [939]
920	**전기, 계보, 기장 [990]**	**970**	**북아메리카역사 [940]**
921		971	캐나다 [941]
922		972	멕시코 [943-949]
923		973	미국(미합중국) [942]
924		974	미국 북동부 [942]
925		975	미국 남동부 [942]
926		976	미국 남부중앙 [942]
927		977	미국 북부중앙 [942]
928		978	미국 서부 [942]
929	계보, 성명, 기장 [999]	979	미국 태평양연안 [942]
930	**고대세계사 [910-990]**	**980**	**남아메리카역사 [950]**
931	952.2에 분류 [912.01-03]	981	브라질 [953]
932	고대이집트 [932.02]	982	아르헨티나 [958]
933	고대유태, 팔레스타인 [919.4]	983	칠레 [959]
934	고대 인도 954에 분류 [915.01-02]	984	볼리비아 [956]
935	고대메소포타미아, 이란 [919.1, 918.302]	985	페루 [955]
936	고대북부유럽 [920.1-2]	986	콜럼비아, 에콰도르 [951, 954]
937	고대이탈리아반도 [922]	987	베네수엘라 [952]
938	고대그리스 [921]	988	기아나 [952.9]
939	기타고대세계사 [910-990]	989	파라과이, 우루과이 [953.9, 957]
940	**유럽역사 [920]**	**990**	**기타 지역의 역사 [960-970]**
941	영국제도 [924.6-9]	991	
942	영국역사 [924.6-9]	992	
943	독일과 중부유럽 [925]	993	뉴우질랜드 [963]
944	프랑스, 모나코 [926]	994	오스트레일리아(호주) [962]
945	이탈리아, 산마리노 [928]	995	뉴기니아, 멜라네시아 [964-965]
946	스페인, 안도라 [927]	996	폴리네시아 [966-967]
947	러시아, 동부유럽 [929]	997	대서양제도 [968]
948	스칸디나비아 [923]	998	북극, 남극지방 [969]
949	기타유럽제국 [929.9]	999	지구밖의 세계 [969.9]

본 표

000 총류

100 철학

200 종교

300 사회과학

400 언어

500 자연과학 및 수학

600 기술과학(응용과학)

700 예술

800 문학

900 역사 및 지리

000 총류

000-	**총류, 컴퓨터과학, 정보**
	Computer science, information, general work [KDC 000]
001-	지식, 학문일반 Knowledge [KDC 001]
	한국학 → 951
.4	조사연구 Research
.42	조사방법론 Research methods
002-	도서학 The book [KDC 010]
	도서의역사
003-	시스템 Systems [KDC 003]
.3	컴퓨터 모형화와 시뮬레이션
.54	정보이론 Information theory
.72	네트워크 Networks
.857	카오스체계 Chaotic systems
004-	컴퓨터과학 데이터처리 Computer science Data processing [KDC 004]
	컴퓨터공학 → 621.39
.01-.09	표준세구분하시오.
.12	디지털 본체컴퓨터 Digital mainframe computers
.16	디지털 마이크로 컴퓨터 Digital microcomputer
.167	핸드 컴퓨터장치 Handheld computing devices

004.21	시스템 분석과 설계 Systems analysis & design
.22	컴퓨터구조 Computer architecture
.24	성능평가 Performance evaluation
.3	처리방식(양식) Processing
.5	저장(기억) Storage
.53	주기억장치 Internal storage
.56	보조기억장치 External storage
.565	光보조기억장치 Optical external storage
	CD-ROM 콤팩트 디스크
.568	반도체저장 Semiconductor storage
.6	컴퓨터통신 Interfacing & communications
.65	통신네트워크 Communications network architecture
.67	광역네트워크 Wide-area networks
.678	인터넷 Internet
.6782	클라우드 컴퓨팅 Cloud computing
.68	지역 네트워크 Local-area networks
.695	인터넷전화 Internet telephony
005-	컴퓨터 프로그래밍, 프로그램, 데이터 [KDC 005]
.1	프로그래밍 Programming
.13	프로그래밍 언어 Programming Languages
.131	기호논리학 Symbolic(Mathematical) Logic
.3	프로그램 Program

005.365	특정한 컴퓨터 프로그램 Programs for specific computers
.369	특정한 프로그램 Specific programs
.42	시스템 프로그래밍 Systems programming
.43	시스템 프로그램 Systems programs
	운영체제 Operating systems
.52	워드프로세서 Word processing
.71	데이터통신 Data communicatios
	정보체계론
.717	오류 정정 Error-correction codes
.73	자료구조 Data structures
.74	데이터베이스 설계와 구조 Data files & databases
.7406	데이터베이스, 데이터파일 조직과 관리
.74068	데이터베이스, 데이터파일 관리
.8	자료보안 Data security
.82	자료암호화 Data encryption
.84	컴퓨터바이러스 Computer viruses
006-	특수컴퓨터 사용법 Special computer methods [KDC 004]
	컴퓨터를 이용한 특수한 방법
.2	특정한 목적 시스템 Special-purpose systems
.3	인공지능 Artificial intelligence
.32	신경망이론 Neural nets(neural networks)

006.33 지식베이스 시스템 Knowledge-based systems

전문가 시스템 expert systems

.35 자연어처리 Natural language processing

.424 광학문자 인식 Optical character recognition(OCR)

.454 음성인식 Speech recognition

.5 컴퓨터 음향 Computer sound synthesis

.6 컴퓨터그래픽 Computer graphics

.7 멀티미디어 시스템 Multimedia systems

.75 특정한 멀티미디어 Specific types of multimedia software

010- 서지학(書誌學) Bibliography [KDC 010]

011- 일반목록 General bibliographies [KDC 017]

.1 종합목록 Universal bibliographies

012- 개인목록 Bibliographies & catalogs of individuals [KDC 014]

[013]- xxx → 011.8

014- 무저자 및 익명서목 Anonymous & pseudonymous

015- 국별목록 National bibliographies & catalogs [KDC 015]

출판사목록 Publishers' catalogs

지리구분 930-999와 같이 구분한다.

예: 대한민국 출판물 총목록 015.51

016- 주제별목록 Subject bibliographies [KDC 016]

예: 물리학서지 016.53

017- 일반주제별목록 General subject catalogs [KDC 018-019]

017.1 대학·공공연구기관 장서목록

.2 기업체·기타 장서목록

.5 전시목록

[018] xxx

[019] xxx

020- 문헌정보학·도서관학 Library & information science [KDC 020]

.1-.9 표준세구분한다.

.622 각국의 도서관협회

예: 한국도서관협회 020.62251

ALA 미국도서관협회 020.62273

.9 도서관사 Historical, geographic, persons...

021- 도서관, 기록보존소, 정보센터의 관계 Relationships of libraries, archives, information centers [KDC 025]

.2 지역과의 관계 Relationships with the community

.3 도서관과 다른 교육기관의 관계 Relationships with...

.6 협조와 네트워크 Cooperation & networks

.64 도서관 상호간의 협력 Cooperation

.65 도서관 네트워크 시스템 Networks

.7 도서관, 기록보존소, 정보센터의 진흥

.8 도서관과 국가 Relationships with government 정부와의 관계

021.82 도서관위원회 Commissions

.83 재정지원 Financial support

022- 도서관건물 및 설비 Administration of physical plant [KDC 022]

.1 위치, 대지 Location & site

.3 도서관 설계 Buildings

.31 관종별 도서관의 의장 및 설계 Buildings for specific...

027과 같이 분류하시오.

예: 대학도서관의 건축 022.317

.4 서고와 서가 Stacks & shelving

.7 조명 Lighting

.8 난방, 환기, 공기조절 Heating, ventilation, air conditioning

.9 비품, 설비, 장치 Equipment, furniture, furnishings

023- 도서관 인사관리 Personnel management [KDC 025]

.2 전문가 지위 Professional positions

.3 기술적 지위 Technician positions

.4 행정가 지위 Administrative positions

.9 인사관리의 요소 Elements of personnel management

025- 도서관, 기록보존소, 정보센터의 운영 Operations of libraries, ... [KDC 023-025]

.042 광역 세계 웹 World wide web

.1 도서관 행정 Administration

025.11	도서관 재정 Finance
.17	특수자료 취급 Administration of collections of special materials
	비도서자료 정리
.2	장서개발과 수서 Acquisitions & collection development
.21	장서개발 Collection development
.213	도서관 정책과 관례 Censorship
.26	교환 및 기증업무 Exchange, gift, deposit
.29	특수자료의 수입 Acquisition of & collection...
.3	서지분석과 조정 Bibliographic analysis & control
	목록작성 Cataloging
.32	목록규칙 Cataloging Rules
.34	특수자료의 목록작성 Cataloging, classification, ...
	025.17과 같이 분류하시오.
	예: 지도목록작성 025.346
.4	주제분석과 조정 Subject analysis & control
.43	분류표 General Classification systems
	예: 한국십진분류법 KDC
	일본십진분류법 NDC
.46	특수주제의 분류표 Classification of specific subjects
	예: 사진분류표 025.46

025.49 검색용어 Controlled subject vocabularies

.5 이용자에 대한 봉사 Services to users

.52 참고봉사 Reference & information services

.524 정보검색 Information search retrieval

.6 대출봉사 Circulation service

.81 도서의 배열 Physical arrangement

.82 장서점검 Inventory

.84 도서의 보존 Preservation

도서의 소독

026- 특수도서관 Specific libraries [KDC 026.8]

027- 일반도서관 General libraries [KDC 026]

.1 사립도서관 Private & family libraries

개인문고

.4 공공도서관 Public libraries

마을문고

.43-.49 각 지역의 공공도서관

예: 서울시립남산도서관 027.451

.5 국립도서관 Government libraries

예: 국립도서관(한국) 027.551

Libraries of Congress 027.573

.6 특수계층을 위한 도서관

.625 아동도서관 For children

027.66　사회사업체도서관 Welfare institution libraries

.662　병원도서관 Hospital libraries

.7　대학도서관 College & university libraries

*각국의 대학도서관 930-999와 같이 지리구분한다.

예: 성균관대학교 중앙도서관 027.751

.8　학교도서관 School libraries

.8222　초등학교도서관 Elementary level

.8223　중·고등학교 도서관 Secondary level

.823-829　각국의 학교도서관

예: 일본학교도서관사 027.8253

028-　독서 및 독서지도 Reading & use of other...

독서론 [KDC 029]

.1　도서평론법 Reviews

.5　어린이·청소년 독서

.7　도서관자료이용법

Use of books & media as sources of information

.8　레크레이션. 자기개발

.9　독서흥미와 습관

030- 일반백과사전 General encyclopedic works [KDC 030]

(1) 특수주제의 사전은 그 주제하에 분류하고, 필요에 따라 표준세구분(03)한다.

예: 사회과학사전 300.3

(2) 각국의 일반백과사전은 언어구분한다.

언어구분 410-490과 같이 한다.

예: Encyclopedia Britannica 032

*031- 아시아어백과사전 [KDC 030]

.1 한국어백과사전 Korea [KDC 031.1]

.2 중국어백과사전 Chinese [KDC 031.2]

.3 일본어백과사전 Japanese [KDC 031.3]

032- 영어백과사전 English [KDC 034]

033- 독일어백과사전 German [KDC 035]

034- 프랑스어백과사전 French [KDC 036]

035- 이탈리아어백과사전 Italian [KDC 038]

036- 스페인어백과사전 Spanish [KDC 037]

037.1 러시아어백과사전 Russian [KDC 039.28-29]

038- 스칸디나비아어백과사전 Scandinavian [KDC 035.95]

039- 기타 언어백과사전 [KDC 031-033, 039]

040-049 XXX

050- 일반연속간행물 General serial publications

정기간행물색인 index [KDC 050]

051-059 각국의 일반연속간행물 030과 같이 분류하시오.

각국의 정기간행물 색인

예: 정기간행물기사색인(국회도서관편) 051.1

또는 016.05 신동아 051.1

*051- 아시아어 잡지 [KDC 051]

.1 한국어 잡지 Korean [KDC 051.1]

.2 중국어 잡지 Chinese [KDC 051.2]

.3 일본어 잡지 Japanese [KDC 051.3]

052- 영어 잡지 English [KDC 054]

053- 독일어 잡지 German [KDC 055]

054- 프랑스어 잡지 French [KDC 056]

055- 이탈리아어 잡지 Italian [KDC 058.8]

056- 스페인어 잡지 Spanish [KDC 057]

057- 러시아어 잡지 Russian [KDC 058.928-929]

058- 스칸디나비아어 잡지 Scandinavian [KDC 055.95]

059- 기타언어 잡지 [KDC 051-053, 058]

060- 일반단체 및 박물관학 Genaral organizations & museology

예: UNESCO [KDC 060]

특수주제의 단체는 그 주제하에 분류하고 필요에 따라 표준세구분한다.

예: 전국경제인연합회 330.6251

061-067 각국의 일반학회, 단체 030과 같이 분류하시오.

예: 한국학술원 061.1

유네스코 한국위원회 061.1

*061- 아시아 일반학회, 단체 [KDC 061]

.1 한국 일반학회, 단체 [KDC 061.1]

.2 중국 일반학회, 단체 [KDC 061.2]

.3 일본 일반학회, 단체 [KDC 061.3]

062- 영·미·캐나다 일반학회, 단체 [KDC 062.4, 064]

.1 미국 일반학회, 단체 [KDC 061]

.2 영국 일반학회, 단체 [KDC 062.4]

.3 캐나다 일반학회, 단체 [KDC 064]

063- 독일 일반학회, 단체 [KDC 062.5]

064- 프랑스 일반학회, 단체 [KDC 062.6]

065- 이탈리아 일반학회, 단체 [KDC 062.8]

066- 스페인 일반학회, 단체 [KDC 062.7]

067- 러시아 일반학회, 단체 [KDC 062.9]

068- 기타국가의 일반학회, 단체 [KDC 061, 063, 065-067]

061-067에서 제외된 국가의 일반학회, 단체는 930-999와 같이 분류하시오.

예: Societies in Norway 068.481

069- 박물관학 Museology(Museum science)

박물관 [KDC 069]

.09 박물관사 Historical, geographic, ...

.1 박물관의 봉사

.2 박물관 시설 경영과 이용

.3 박물관 설비·비품·가구

.6 인사관리 Personnel management...

070- 뉴스매체 Newsmedia, journalism, publishing

신문학·언론학·저널리즘·출판 [KDC 070]

.01-.09 표준세구분한다.

.1 문헌매체, 교육매체, 뉴스매체

언론의 자유 → 323.443

.4 신문·잡지 Journalism

.41 편집 Editing

.43 기자와 취재 News gathering & reporting

.433 지방취재 Reporting local

.44 사설 Feature, 컬럼 Columns

.48 특수신문잡지 Journalism directed to special groups

.482 종교신문잡지 Religious groups

.484 외국어신문잡지 Foreign language journalism

.49 사진신문잡지 Pictorial journalism

070.5 출판 Publishing

.9 신문사 Historical & persons treatment of journalism and newspapers

예: 한국신문사 070.951

071-079 각국의 신문 030과 같이 분류하시오.

예: 동아일보 071.1

New York Times 072

*071- 아시아 신문, 언론, 저널리즘

.1 한국, 신문, 언론, 저널리즘 [KDC 071.1]

.2 중국 신문, 언론, 저널리즘 [KDC 071.2]

.3 일본 신문, 언론, 저널리즘 [KDC 071.3]

072- 영·미·캐나다 신문, 언론, 저널리즘 [KDC 072.4]

073- 독일 신문, 언론, 저널리즘 [KDC 072.5]

074- 프랑스 신문, 언론, 저널리즘 [KDC 072.6]

075- 이탈리아 신문, 언론, 저널리즘 KDC 072.8]

076- 스페인 신문, 언론, 저널리즘 [KDC 072.7]

077- 러시아 신문, 언론, 저널리즘 [KDC 072.9]

078- 스칸디나비아 신문, 언론, 저널리즘 [KDC 072.3]

079- 기타국가 신문, 언론, 저널리즘 [KDC 071, 073, 075-077]

080- 일반전집. 총서 General collections [KDC 040, 080]

일반적인 총서, 전집, 문집, 선집, 잡설, 잡고, 잡찬, 잡편, 총집 등 잡동사니를 포함 030과 같이 분류한다.

*081- 아시아어 전집

.1 한국어 전집 [KDC 081.1]

.2 중국어 전집 [KDC 081.2]

.3 일본어 전집 [KDC 081.3]

082- 영어 전집 English [KDC 044, 081.4, 082.1]

083- 독일어 전집 Germanic [KDC 045, 081.5, 082.5]

084- 프랑스어 전집 French [KDC 046, 081.6, 082.6]

085- 이탈리아어 전집 Italian [KDC 048, 081.8, 082.8]

086- 스페인어 전집 Spanish [KDC 047, 081.7, 082.7]

087- 러시아어 전집 Slavic [KDC 049.8, 081.928-929, 082.928-929]

088- 스칸디나비아어 전집

Scandinavian [KDC 049.595, 081.595, 082.595]

089- 기타언어 전집 Other languages [KDC 049, 081.9, 082.9]

090- 필사본·희귀본·고서 Manuscripts & rare books [KDC 012]

091- 필사본 manuscripts [KDC 012.1]

고문서학

092- 목판본 Block books [KDC 012.1]

093- 고판본 Incunabula(1501년 이전의 印行本) [KDC 012.2]

094- 희귀본 Printed books(1700년 이전의 한정판) [KDC 012.47]

095- 희귀장정본 Books notable of bindings [KDC 012.47]

096- 희귀삽화 및 자료 Books notable for illustrations & materials [KDC 012.2]

097- 판본 소유(자)나 출판에서 특이한 도서 Books notable [KDC 012.47] for ownership or origin

098- 발행금지도서 Prohibited works [KDC 012.9]

099- 유형(면)에서 특이한 도서 Books notable for format [KDC 012.47]

100 철학

100-	**철학 Philosophy & psychology [KDC 100]**
	철학입문
	과학철학 → 501 교육철학 → 370.1
	법철학 → 340.1 역사철학 → 901
	정치철학 → 320.1 종교철학 → 201
101-	이론철학 Theory of philosophy [KDC 101]
102-	철학편람 Miscellany [KDC 102]
103-	철학사전 [KDC 103]
105-	연속간행물 [KDC 105]
106-	조직 및 경영 [KDC 106]
107-	교육 및 연구 [KDC 107]
108-	인물과 관련된 기술 및 역사 [KDC 100]
109-	철학사 Historical and collected biograph [KDC 109]
	서양철학사 Western philosophy [KDC 109]
	동양철학 → 180
	현대서양철학 → 190
110-	형이상학 Metaphysics [KDC 110]
111-	존재론 Ontology [KDC 112]
.1	실존철학 Existence

111.84 선, 악(善, 惡) Goodness & evil

.85 미(美) Beauty

미학(美學) Aesthetics

예술미학(藝術美學) Aesthetics of the art → 701.17

113- 우주론 Cosmology(philosophy df nature) [KDC 113]

우주 → 523.1

.8 인생철학 Philosophy of life

114- 공간 Space [KDC 113.1]

물질 Matter

115- 시간 Time [KDC 113.2-3]

시간론

116- 운동과 변화 Change [KDC 113.5]

117- 구조 Structure [KDC 113.6, 113.8]

118- 힘과 에너지 Force & energy [KDC 113.4]

119- 질량(質量) Number & Quantity [KDC 113.7]

120- 인식론, 인과관계, 인간론

Epistemology, causation, humankind [KDC 120]

121- 인식론, 지식론 Epistemology(Theory of knowledge)

지식론 [KDC 121]

.5 회의론 Doubt & denial

의혹(의심)

121.6	신념 Nature of inquiry·belief
.63	확신 Certainty
.7	믿음 Faith
.8	가치 Worth and theory of values
	윤리학 가치 → 170
122-	원인 Causation [KDC 122]
123-	결정론과 비결정론 Determinism & indeterminism [KDC 123]
.3	기회 Chance
.5	자유 Freedom
	의지(意志) Will
.7	필연(必然) Necessity
124-	목적론 Teleogy [KDC 124]
126-	자아 The self [KDC 126]
	의식, 인격 Consciousness, personality
	의식(심리학) → 153
	인격(심리학) → 155.2
127-	무의식 The unconscious & the subconscious [KDC 181.38]
128-	인간학 Humankind [KDC 126]
.1	영혼 Soul
.2	정신·마음 Mind
.4	인간행동과 경험 Human action & experience
.5	생사(生死)·죽음 Human death

129- 개개영혼의 기원과 운명

Origin & destiny of individual souls [KDC 126.4]

130- 초심리학과 신비주의

Parapsychology & occultism [KDC 187-188]

131- 초심리학적 신비학적 방법

Parapsychological & occultism [KDC 187]

133- 초심리학과 신비주의특정주제

Specific topics in Parapsychology & occultism [KDC 187]

신비주의 Occultism

의사심리학 Parapsychology

심령과학

.1 유령(幽靈) Apparitions·ghosts

.3 예언학 Divinatory arts

.4 귀신론과 마법 Demonology & witchcraft

.42 귀신론 Demonology

.43 마술과 마법 Magic & witchcraft

.5 점성술(占星術) Astrology

.6 수상술(手相術) Palmistry

손금

.8 심령현상 Psychic phenomena

.82 텔레파시 Telepathy

정신감응

133.9 심령론 Spiritualism

135- 꿈과 신비 Dreams & mysteries [KDC 181.383]

.3 꿈(夢), 해몽 Dreams

137- 예언적 필적학 Divinatory graphology [KDC 188]

필적관상법

138- 인상학(人相學) Physiognomy [KDC 188.1]

관상학

139- 골상학(骨相學) Phrenology [KDC 188.16]

지상(地相), 가상(家相)

140- 특정 철학파 Specific philosophical schools... [KDC 130]

141- 관념론 Idealism & related systems... [KDC 131]

이상주의

정신주의 Spiritualism

전심론(全心論) Panpsychism

주관론 Subjectivism

의지주의(意志主義) Voluntarism

.2 플라톤학파 Platonism

플라톤철학 → 184

.3 초월론 Transcendentalism

.4 개인주의 Individualism

.5 인격주의 Personalism

.6 낭만주의 Romanticism

142- 비판철학 Critical philosophy [KDC 132]

.3 칸트학파 Kantianism

.7 현상학파 Pheonomenalism

현상학 Phenomenology

.78 실존주의 Existentialism

143- 베르그송철학 Bergsonism & intuitionism [KDC 132]

베르그송철학 Bergsonism

144- 인본주의 Humanism

휴머니즘

.3 실용주의

.5 기구주의 Instrumentalism

.6 공리주의 Utilitarianism

145- 감각주의 Sensationalism [KDC 134]

146- 자연주의 Naturalism & related systems [KDC 135-138]

.3 유물론 Materialism

.32 변증적유물론 Dialectical materialism

변증법

유물사관(공산주의) → 335.4112

.4 실용주의 Positiviism

.5 원자론 Atomism

.6 기계론 Emchanism

.7 진화론 Evolutionism

147- 범신론 Pantheism [KDC 131.7]

.3 일원론 Monism

.4 이원론, 다원론 Dualism and Pluralism

148- 절충주의, 자유주의, 전통주의

eclecticism, liberalism & traditionalism [KDC 139]

149- 기타 철학논제 Other philosophical systems [KDC 133, 139]

.1 유명론(唯名論) Nominalism

개념론 Conceptulism

.2 실재론 Realism

현실주의

.3 신비주의 Mysticism

.5 낙천주의 Optimism

낙관주의

.6 비관주의 Pessimism

.7 합리주의 Rationalism

이성주의

.73 회의주의 Skepticism

회의(의혹)주의

.8 허무주의 Nihilism

숙명론 Fatalism

.94 언어철학 Linguistic philosophies

.96 구조주의 Structuralism

.97 포스트모더니즘 Postmodernism

150-	심리학 Psychology [KDC 180]
.1	철학과 이론 Philosophy and theory
.19	심리학의 체계 Systems
	심리학파 Schools
.192	합리주의 심리학 Rational schools
	능력 심리학 Faculty
.193	기능별심리학 Functionalism
.1943	행동주의 심리학 Behaviorism
.195	정신분석 Psychoanaltic systems
.1985	개인구조 심리학 Personal construct psychology
.1988	실증심리학 Positive psychology
.724	실험·조사·연구 Experimental research
.9	심리학사 Historical, geographical...
152-	생리심리학
	Sensory peception, movement, ... [KDC 181.2, 181.8]
.1	감각적 인식. 감각. 지능 Sensory perception
.14	시각. 지각 Visual perception
.15	청각. 음향심리학 Auditory perception
.3	운동과 근육기능 Movements & motor functions
.4	감정과 느낌 Emotions & feelings
	감격·감동·촉감·감각
.5	생리학적 유인 Physiological drives

153- 의식적 정신작용과 지능
Conscious mental processes & intelligence [KDC 181.3-4]

.1 기억과 학습 Memory & learning

.12 기억 Memory

.15 학습 Learning

.2 사고(생각)의 형성과 연상 Formation & association of ideas

.3 상상과 심상 Imagination, imagery, creativity

.4 인식. 인지(지식) Thought, thinking, reasoning, ...
인지심리학

.43 추리·추론 Reasoning

.45 가치 Value

.6 의사전달 Communication

.7 지각과정 Perceptual processes

.8 의지(결단) Volition(Will)

.9 지능과 적성 Intelligence & aptitudes

154- 잠재의식, 변화작용 Subconscious & altered [KDC 181.38]
states [KDC 181.38]

.2 잠재의식 The subconscious

.3 공상, 환상 Daydreams, fantasies, reveries

.4 의식의 변경된 상태 Altered states of consciousness

.7 최면술 Hypnotism

155- 발달심리학, 차이심리학

Differential & developmental psychology [KDC 182-183]

.2 개인·개별심리학 Individual psychology

성격심리학

.26 표상학, 유형학 Typology

.3 성심리 Sex psychology

.4 아동심리학 Child psychology

.5 청년심리학 Psychology of young people...

.6 성인심리학 Psychology of adults

.7 발전심리, 진화론적 심리학 Evolutional psychology

.8 민족심리학, 국가심리학

Ethnopsychology & national psychology

.89 국가심리학 National psychology

.9 환경심리학 Environmental psychology

156- 비교심리학 Comparative psychology [KDC 182.9]

156.2-.5 동물심리학 Animals

.2 동물의 심리적 욕구의 비교

.3 정신과정과 동물지능 비교

.4 동물의 비교 잠재상태

.5 동물의 비교 발달심리

[157] XXX

158- 응용심리학 Applied psychology [KDC 189]

.1 인성의 발달과 분석 Personal improvement & analysis

.2 개인간의 관계 Intersonal relations

.3 카운셀링. 면담. 상담 Counseling & interviewing

.4 리더십 Leardership

.6 직업적 흥미 Vocational interests

.7 산업심리학 Industrial psychology

직업심리 Psychology of work

.9 응용심리학의 체계와 학파

Systems & schools of applied psychology

160- 철학적 논리학 Philosophical Logic [KDC 170]

변증법적 유물론 → 146.32

.119 고전시스템, 비고전 논리

Specific systems of classical & nonclassical logic

161- 귀납법 Induction [KDC 172]

162- 연역법 Deduction [KDC 171]

165- 오류, 허위성과 근원 Fallacies & sources of error [KDC 175]

166- 삼단논법 Syllogisms [KDC 171]

167- 가설, 가정 Hypotheses [KDC 177]

168- 논증 Argument & persuasion [KDC 179]

설득 persuasion

169- 유추 Analogy [KDC 178]

170- 윤리학 Ethics(Moral philosophy) [KDC 190]

도덕철학·충효사상

도덕신학(道德神學) → 241

.4 특수논제 Special topics

171- 윤리학체계 Ethical systems [KDC 191]

.4 쾌락주의 Hedonism

행복 Happiness

.9 이기주의에 근거 Systems based on egoism

172- 정치윤리 Political ethics [KDC 193]

.1 국민윤리 Relation of individuals to the state

개인과 국가

.4 국제윤리 International relations

173- 가정윤리 Ethics of family relationships [KDC 192]

가족윤리, 가훈 Family disciplines

효도 Filial piety

174- 직업윤리, 경제윤리 Occupational ethics [KDC 195]

.4 기업윤리, 경영윤리, 무역윤리 Business ethics

175- 오락윤리 Ethics of recreation, leisure... [KDC 196]

경기윤리 Recreation

176- 성윤리, 생명복제윤리 Ethics of sex & reproduction [KDC 197]

.2 재생기술 Reproductive technology

.22 인간수정란 Human cloning

.3 산아제한 Brith control

.4 이성관계 Sexual relations

177- 사회윤리 Ethics of social relations [KDC 194]

예: 명심보감. 동몽선습

.1 예의 Courtesy

.6 우정. 연애(구애) Frendship and courtship

.7 사랑 Love

178- 소비의 윤리 Ethics of consumption [KDC 198]

음주(술)윤리

179- 기타윤리. 도덕규범 Other ethical norms [KDC 190]

.1 생명 및 자연윤리 Respect for life & nature

환경윤리 environmental

.8 부도덕. 결점. 실수 Vices, faults, failings

.9 인생훈. 덕(人生訓. 德) Virtues

예: 채근담

180- 고대, 중세, 동양철학

Ancient, medieval, eastern philosophy [KDC 140-150]

*181- 동양철학 Oriental philosophy(KDC 150 참조)

.09 동양철학사

.1- 한국철학 Korean philosophy(KDC 151 참조)

.101 한국전통 사상

.102 한국의 유학, 유교

.1024 향교, 성묘, 서원

.109 기타 사상

.11 고대철학

.12 신라(통일신라)

.13 고구려. 백제

.14 고려철학

.15 조선철학 (유학사상 儒學思想)

.151 유학사상

김종직(점필제). 김굉필(한훤당). 정여창(일두). 김일손(탁영). 조광조(정암). 김식(사서). 김정(충암). 기준(복재). 김구(자암). 김안국(모재). 김정국(사재)

.152 주자학파(성리학)

서경덕(화담). 기대승(고봉). 이언적(회재). 조식(남명). 이항(일재). 김인후(하서). 성혼(우계).송익필(구봉)

.153 퇴계학파(동인파. 영남학파)

이기이원론파 (理氣二元論派), 기발이승설(饑發二乘說), 주기론파(主氣理論派) 포함

이황(퇴계). 유성룡(서애)

181.154 율곡학파(서인파(西人派), 기호학파(畿湖學派))

이이(李珥(율곡(栗谷)). 송시열(宋時烈) (우암)

.155 절충학파(퇴율양설(退栗兩設)의 절충파)

.156 양명학파

.157 실학파

이익(성호). 정약용(다산). 유형원(반계). 박지원(연암)

.158 동학사상 동학(종교)은 299.512를 보라.

.159 기타 유학파 및 사상

.19 현대한국철학 북한 철학을 포함한다.

.2- 중국철학 Chinese philosophy (KDC 152, NDC 122 참조)

.201 중국전통사상

.202 중국의 유학, 유교

.2024 향교, 성묘, 서원

.209 기타 사상

.21 경서(經書)

.211 역류(易類). 주역(周易)

.212 서경(書經). 상서(尙書). 충경(忠經)

.213 시경(詩經). 모시(毛詩)

812.1도 보시오.

.214 예류(禮類) (주례(周禮), 의례(儀禮), 예기(禮記).......)

.215 악류(樂類)

789.19도 보시오.

181.216 춘추류(春秋類)

952도 보시오.

.217 효경(孝經)

.218 사서(四書)

.2181 대학(大學)

.2182 중용(中庸)

.2183 논어. 논맹

.2184 맹자

.219 소학(小學)

.22 유교(儒敎), 유가(儒家) (선진(先秦) 및 진대(秦代))

.222 공자(孔子), 공구(孔丘), 중니(仲尼) 551-479 BC

.223 공문제자(孔門弟子)

.224 증자(曾子)

.225 자사(子思)

.226 맹자(맹자 맹가(孟軻)

.227 순자(荀子) 순황(荀況)

.23- 중세. 근세유가(儒家)

.231 양한시대(兩漢時代) 매의(買誼). 한앵(韓嬰). 동중서(董仲舒).

양웅(楊雄). 유향(劉向)

.232 위진남북조시대(魏晉南北朝時代)

.233 수당시대(隋唐時代)

181.234 송원시대(宋元時代), 송학(宋學), 정주학파(程朱學派).

나흠순(羅欽順(羅整菴)

.235 명조시대(明朝時代). 양명학파

.236 청조시대(淸朝時代). 고증학파. 춘추공양학파. 안이학파(顏李學派)

.237 민국시대(民國時代)

.24- 도가(道家). 노장사상(老莊思想)

.242 노자(老子(이이 李珥). 도덕경

.243 열자(列子), 어구(禦寇)

.244 양자(楊子(양주 楊朱)

.245 장자(莊子(장주 莊周)

.246 문자(文字) 황로학파(黃老學派)

.247 관윤자(關尹子), 윤희(尹喜), 두광정(杜光庭)

.25- 묵가. 명가(墨家. 名家)

.252 묵자(墨子), 묵적(墨翟)

.254 등석자(鄧析子)

.255 윤문자(尹文子)

.256 혜자(惠子), 혜시(惠施)

.257 공손용자(公孫龍子)

.26- 법가(法家), 잡가(雜家)

.261 관자(管子), 관중(管仲)

.262 신자(申子), 신불해(申不害)

.263 상자(商子), 상앙(商鞅)

181.264 신자(愼子), 신도(愼到)
.265 시자(尸子), 시교(尸佼)
.266 한비자(韓非子), 이사(李斯)
.267 잡가(雜家)
.268 병가(兵家)
손자(孫子), 손무(孫武) 예: 손자병법
.269 농가(農家) 허행(許行)
.27- 기타 중국철학 종횡가(縱横家)
.29 현대중국철학 1912-
.3- 일본철학 Japanese philosophy (KDC 153, NDC 121 참조)
.301 일본전통사상(일본주의)
.302 일본의 유학, 유교
.309 기타사상
.31 고대철학-1185
.32 중세철학 1185-1600
.33 근세철학 1600-1867
.331 화학(和學) 국학(國學)
.332 주자학(朱子學), 성리학(성리학(性理學), 절충학(折衷學), 고학(古學)
.333 양명학(陽明學)
.334 고증학(考證學)
.335 미토학 (水戸學)
.339 근세 기타철학

181.39- 현대일본철학

명치(明治)시대 이후 철학을 분류한다.

.4- 인도철학 및 동남아시아철학

Indian philosophy (KDC 155, NDC126 참조)

여기에 인도철학을 분류한다.

파키스탄철학, 방글라데시철학을 포함한다.

.49- 동남아시아철학

.498- 인도네시아철학

.499- 필리핀철학

.5- 이란(페르시아철학) Iran(Persia)

.6- 이라크철학 Iraq

.7- 이집트철학 Egypt

.8- 시리아철학, 레바논철학 Syria & Lebanon

.9- 기타 동양철학 Other eastern

.92 아라비아철학 Arabia

182- 소크라테스이전 그리스철학 Pre-Socratic Greek Philosophies [KDC 160.21]

.1 이오니아철학 Ionic philosophy

.2 피타고라스철학 Pythagorean philosophy

.3 엘레아철학 Eleatic philosophy

.4 헤라 클리토스 철학 Heraclitean philosophy

.5 엠페도클레스철학 Empedoclean philosophy

183- 괴변철학, 소크라테스철학 Sophistic, Socratic related...
[KDC 160.22]

.1 소피스트철학 Sophistic philosophy

.2 소크라테스철학 Socratic philosophy

184- 플라톤철학 Platonic philosophy [KDC 160.23]

185- 아리스토텔레스철학 Aristotelian philosophy [KDC 160.24]

186- 회의론 및 新플라톤派 철학 Skeptic & Neoplatonic philosophies [KDC 160.27]

187- 에피쿠로스철학 Epicurean philosophy [KDC 160.26]

188- 스토아철학 Stoic philosophy [KDC 160.25]

189- 중세서양철학 Medieval Western philosophy [KDC 160.3]

.2 教父哲學 Patristic philosophy

.4 스콜라철학 Scholastic philosophy

.5 중세신비주의 Mystic philosophy

190- 현대서양철학 Modern Western philosophy [KDC 160]

191- 미국철학과 캐나다철학 United States & Canada [KDC 162]

192- 영국철학 British Isles [KDC 164]

193- 독일철학과 오스트리아철학 Germany & Austria [KDC 165]

194- 프랑스철학 France [KDC 166]

195- 이탈리아철학 Italy [KDC 168]

196-	스페인철학과 포르투갈철학 Spain & Portugal [KDC 167]
.1	스페인철학 Spain
.9	포르투갈철학 Portuguese
197-	러시아철학 Former Soviet Union [KDC 169]
198-	스칸디나비아철학 Scandinavia [KDC 163]
.1	노르웨이철학 Norway
.5	스웨덴철학 Sweden
.9	덴마크철학 Denmark
199-	기타지역철학 Other geographic areas [KDC 169.9]

940-999와 같이 지리구분하시오. (181, 190, 191 제외)

예: 스피노자(Spinoza) → 199.492

멕시코철학 → 199.72

200 종교

200-	**종교 Religion [KDC 200]**
.15	과학적 원리 Scientific principles
.19	종교심리 Psychology of religion
.71	종교교육 Education
.9	종교사 Historical, Geographic, person...
201-	종교신화와 사회이론 Religious mythology, general classes [KDC 210.1]
202-	교리. 교의 Doctrines [KDC 211]
203-	예배와 기타의식 Public worship & other... [KDC 217]
204-	종교생활, 삶과의식 Religious experience, life, practice [KDC 214]
205-	종교윤리 Religious ethics [KDC 214.1]
206-	리더와 조직 Leaders & organization [KDC 212]
207-	전도와 종교교육 Missions & religious eduction [KDC 215]
208-	경전. 성전. Sources [KDC 213]
209-	종파(교파)와 개혁운동 Sects & reform movements [KDC 218]
210-	종교철학 및 이론 Philosophy & theory of religion [KDC 201, 204] 자연신학 Natural theology

211- 신의개념·하나님의 개념 Concepts of God [KDC 204.1]

.2 범신론 Pantheism

.3 유신론·일신론(一神論) Theism

.4 합리주의(자유사상) Rationalism(Free thought)

.5 자연신론·이신론(理神論) Deism

.8 무신론 Atheism

212- 신의 존재, 인식, 속성 Existence of God, ... [KDC 204.1]

213- 창조 Creation [KDC 204.3]

214- 신정론(神正論)·변신론·호신론 Theodicy [KDC 204.5]

215- 과학과 종교 Science & religion [KDC 204.4]

218- 인간·인류 Humankind [KDC 204.24]

영생 Immortality

220- 성서 Bible [KDC 233]

.3 성서사전

.4 초기원문 및 초기 역서(譯書) Original texts, early versions

.5 현대역서(譯書) Modern versions & translations

.6 성서의 해설과 비평 Interpretations & criticism

.7 성경해설서·주석 Commentaries

.8 성서에서 취급한 각 주제

Nonreligious subjects treated in bible

001-999와 같이 세분하시오.

예: 문학성서 220.88

220.9 성서지리 및 성서역사

성서연대기

.92 성서인물전기 Collected persons

예: 성서에 나오는 여인상

.93 성서고고학 Archaeology

221- 구약성서 Old Testament [KDC 233.1]

.7 구약성서 해설서

222- 역사서 Historical books of Old Testament [KDC 233.2]

예: 창세기 222.11

223- 시가서 Poetic books of Old Testament [KDC 233.3]

예: 시편 223.2

224- 예언서 Prophetic books of Old Testament [KDC 233.4]

예: 이사야 224.1

225- 신약성서 New Testament [KDC 233.5]

.7 신약성서해설서

226- 복음서. 사도행전 Gospels & Acts [KDC 233.6]

예: 마태복음 226.2

사도행전 226.6

227- 사도서한 Epistles [KDC 233.7]

예: 로마서 227.1

228- 요한계시록 Revelation [KDC 233.8]

229- 위경, 외경 Apocrypha, pseudepigrapha [KDC 233.9]

230- 기독교, 기독교신학

Christianity Christian theology [KDC 231-232]

231- 하나님 God [KDC 231.1]

.3 성령(신) (성경) God the Holy Spirit

.6 신의 사랑과 지혜 Love & wisdom

.765 창조론 Creation

232- 예수와 그의 가족

Jesus Christ & his family Christology [KDC 232]

.5 그리스도의 부활 Resurrection of Christ

.9 예수의 생애 Family and life of Jesus

233- 인간론 Humankind [KDC 231.3]

234- 구원론과 은총 Salvation & grace [KDC 231.4]

235- 영적인 존재들 Spiritual beings [KDC 231.2]

.2 성자 Saints

.3 천사 Angels

.4 악마(악령) Devils(Demons)

236- 종말론, 내세론 Eschatology [KDC 231.6]

.9 그리스도의 재림. 최후의 심판

238- 사도신경, 신앙고백, 교리문답

Creeds, confessions of faith [KDC 231.8]

239- 신학적 변증론과 논증법 Apologetics & polemics [KDC 231.9]
예: 팡세(pansees) / Pascal 著

240- 기독교도덕·헌신신학 Christian moral & devotional theology [KDC 234]

241- 기독교 윤리 Christian ethics [KDC 234.1]

242- 헌신문학 Devotional literature [KDC 234]
명상록 Meditations

243- 개인 및 가정용 전도물
Evangelistic writings for individuals & families [KDC 234.2]
개인과 가정용 전도물

[244-245]- XXX

246- 기독교 예술 Use of art in Christianity [KDC 600.423]

247- 성구·성복 Church furnishings & related articles
교회내 미학 [KDC 237.8]

248- 신앙체험, 실천 Christian experience, practice, life [KDC 234.8]

.3 예배 Worship

.4 기독교생활 Christian life & practice

.5 간증 Witness bearing

249- 가정신앙생활
Christian observances in family life [KDC 234.9]
가정예배

250-	지방(역)교회·교인 Local Christian church & Christian... [KDC 235-236] 지역교회와 수도회
251-	설교법·설교학 Preaching [KDC 235.1]
252-	설교집 Tests of sermons [KDC 235.2]
.55	청장년에 대한 설교 Young adults [KDC 235.2]
.6	교회절기 및 일반행사를 위한 설교 Text of sermons for church year...
253-	목회학 Pastoral office(Pastoral theology) [KDC 235.3] 목사 목회
254-	교회행정 Parish administration [KDC 236.2-4] 교회관리
255-	집회 및 의식 Religious congregations & orders [KDC 236.8]
[256-258]	XXX
259-	가족에 대한 목사의 역할 Pastoral care of families, & groups of people [KDC 235.35]
260-	기독교사회 및 조직신학 Christian social & ecclesiastical theology [KDC 235-237] 예수교회

261- 사회신학 및 타종교간의 관계 Social theology & interreligious... [KDC 235.7]

.7 기독교와 정치 Christianity & political affairs

.83 교회와 사회문제 Social problems

.85 교회와 경제질서 Economic order

262- 교회학, 교회조직 Ecclesiology [KDC 236]

.94 교회법전 Codex iruis canoniei(1983)

263- 종교의식 Days, times, places of religious observance [KDC 237.3]

.1 안식일 biblical sabbath

.3 주일 Sunday

264- 예배, 공중예배 Public worship [KDC 237.1]

.1 기도, 축도 Prayer

265- 성례, 기타예식 및 행위 Sacraments, other rites & acts [KDC 237.4]

.1 세계 Baptism

.4 성찬(영성체) Hly Orders

266- 전도, 선교 Missions [KDC 235.4-6]

267- 종교 단체 Associations for religious work [KDC 230.6]

.3 기독교청년회(YMCA) Young Men's Christian Associations

.5 기독교부녀회(YWCA) Young Women's Christian Associations

268- 종교 교육 Religious education [KDC 235.7]

.7 종교 봉사, 예배 Sevices

269- 심령부흥회 Spiritual renewal [KDC 235.4]

.2 복음전도 Evangelism

270- 기독교역사 History Christianity [KDC 236.9]

.6 종교개혁 1517-1648

.8 근대기독교회사 Modern period, 1789-

271- 종교적 집회, 수도회역사 Religious orders in church history [KDC 236.8]

272- 기독교 박해역사 Persecutions in church history [KDC 236.9]

273- 이단, 이교역사 Doctrinal controversies & heresies [KDC 236.902-905]

274-279 각국의 기독교회사 Treatment by continent, ...

예: 한국기독교회사 275.1

274- 유럽 기독교회사 [KDC 236.92]

275- 아시아 기독교회사 [KDC 236.91]

* .1 한국 기독교회사

* .2 중국 기독교회사

* .3 일본 기독교회사

276- 아프리카 기독교회사 [KDC 236.93]

277- 북아메리카 기독교회사 [KDC 236.94]

278- 남아메리카 기독교회사 [KDC 236.95]

279- 기타지역 기독교회사 [KDC 236.9]

280- 기독교회와 각 교파

Denominations & sects of Christian churches [KDC 238]

281- 초기교회와 동방교회

Early church & Eastern churches [KDC 238.1]

.5 동방교회 Eastern churches

282- 로마 카톨릭교회 Roman catholic church [KDC 238.2]

*각국의 천주교 940-999와 같이 지리구분하시오.

예: 한국천주교사 282.51

283- 영국교회(聖公會) Anglican churches [KDC 238.3]

284- 프로테스탄트교회(개신교) Protestant denominations...

[KDC 238.4]

285- 장로교회 Presbyterian, Reformed, ... [KDC 238.5]

.9 청교도주의 Puritanism

286- 침례교회 Baptist, Disciples of Christ, ... [KDC 238.6]

.732 안식일교(안식교) Seventh-Day Adventist Church

287- 감리교회 Methodist & related churches [KDC 238.7]

.96 구세군 Salvation Army

289- 기타 기독교 교파 Other denominations... [KDC 238.8]

.3 말일성도(모르몬파) Latter-Day Saints(Mormons)

.92 여호와의 증인 Jehovah s Witnesses

.94 오순절교회 Pentecostal churches

.96 통일교회 Unification Church

290- 기타종교 Other religions [KDC 210-220, 240-290]

비교종교 → 210 Comparative religion

원시종교 → 201.42 Prehistoric religions

신화학 Mythology & mythological foundations

신화적기초 →201.3

*각국의 신화는 그 주제하에 분류한다.

예: 희랍신화 292

중국의 신화 299.52

292- 희랍. 로마종교

Classical(Greek & Roman) religion [KDC 292.1-2]

고전적 종교(헬라와 로마)

293- 독일종교 Germanic religion [KDC 292.5]

294- 인도기원종교

Religions of Indic origin [KDC 220, 270, 291.5]

*294- 불교 Buddhism [KDC 220, 270, 291.5]

.01 개론(입문)

.02 편람. 잡저

.03 사전

.04 논문. 강연집. 수필

.05 정기간행물. 잡지

.06 학회. 협회. 회의

.07 연구 및 지도법

294.08 총서. 전집

.09 불교사. 불교사상사 930-999와 같이 지리구분한다.

.1- 불교교리

Buddhist doctrines & philosophy (KDC 221참조)

.11 원시불교, 소승(Hinayana)불교, 대승(Mahayana)불교

.12 교상판석(教相判釋). 교판론(教判論)

.13 실상론(實相論). 법성론(法性論). 진여론(眞如論). 무아론(無我論)

.14 연기론(緣起論). 업론(業論). 윤회설(輪廻說). 인과론(因果論).

삼사라(Samsara). 중생론

.15 인명(因明), 인식론(認識論). 변증론(辨證論). 호법(론(護法論).

유식론(唯識論). 배불론(排佛論). 척불론(斥佛論)

.16 열반론(涅槃論). 증과론(證果論). 극락론. 지옥

.17 불타론(佛陀論). 불성론(佛性論). 불신론(佛身論). 불토론(佛土論)

.19 불교교리사. 불교사상사

.2- 부처(佛陀), 보살(菩薩), 불제자 [KDC 222]

.21 이상불(理想佛)

.22 석가모니(釋迦佛)와 그 생애

.23 제보살(諸菩薩) Bodhisattva

관세음보살(觀世音菩薩), 지장보살(地藏菩薩), 미륵보살. 문수보살,

보현보살 등등

.29 불제자(佛弟子) Disciples

.3- 경전(經典). 불전(佛典). 불경(佛經). 대장경(大藏經) (KDC 223 참조)

294.31-37 경부(經部). 경소(經疏) 경장(經藏)

.31- 아함부(阿含部)

장아함경(長阿含經). 중아함경(中阿含經). 잡아함경(雜阿含經). 증일아함경(增一阿含經). 육방예경(六方禮經). 옥야경(玉耶經)

.319- 본연부(本緣部)

인과경(因果經) 불소행찬경(佛所行讚經) 법구경(法句經). 본생경(本生經). 본기경(本起經). 인연경(因緣經). 비유경(譬喩經). 현우경(賢愚經). 출요경(出曜經) 등을 포함한다.

32- 반야부(般若部)

반야심경(般若心經). 금강경(金剛經). 인왕경(仁王經). 대반약경(大般若經). 금강삼매경(金剛三昧經). 대품반야경(大品般若經). 소품반야경(小品般若經) 등을 포함한다.

.33- 법화부(法華部)

법화경(法華經) 관음경(觀音經) 무량의경(無量義經) 관보현경(觀普賢經) 등을 포함한다.

.34- 화엄부(華嚴部)

화엄경(華嚴經) 십주경(十住經) 십지경(十地經) 불사의경(不思義經) 등을 포함한다.

.35- 보적부(寶積部)

보적경. 삼부경. 무량수경. 관무량수경. 아미타경. 승만경 등을 포함한다.

[.351-356] 보적부의 제불경 사용하지 않는다. 294.35에 분류한다.

294.358- 대집부(大集部)

대집경. 지장경. 일장경. 월장경. 허공장경 등을 포함한다.

.359- 열반부(涅槃部)

열반경(涅槃經). 유교경(遺教經) 등을 포함한다.

.36- 경집부(經集部)

능가경(楞伽經). 해심밀경(解深密經). 금광명경(金光明經). 유마경(維摩經). 원각경(圓覺經). 약사경(藥師經). 삼매경(三昧境). 여래장경(如來藏經). 복전경(福田經). 맹란분경(孟蘭盆經). 제불경(諸佛經). 불명경(佛名經).미륵경(彌勒經). 문수경(文殊經). 제보살경(除菩薩經). 제비구경(諸比丘經). 제국왕경(諸國王經). 제장자경(諸長者經). 제여인경(諸女人經). 제범지경(諸梵志經). 제천경(諸天經). 제용왕경(諸龍王經). 선경(禪經). 제법무행경(諸法無行經). 심밀경(深密經). 연생경(緣生經). 업도경(業道經). 각수경(各數經). 수주경(數珠經). 제잡경(諸雜經) 등을 포함한다.

.37- 밀교부(密教部, 비밀부(祕密部)

대일경(大日經) 수릉엄경(首楞嚴經) 금강정경(金頂經). 이취경(理趣經). 소실지경(蘇悉地經). 제마궤(諸摩軌). 천수경(千手經). 제다라니경(諸陀羅尼經). 호마궤(護摩軌) 수계법(受戒法). 제불궤(諸佛軌). 제불정궤(諸佛頂軌). 재경궤(諸經軌). 제관음계(諸觀音軌). 제보살궤(諸菩薩軌). 문수계(文殊軌). 제명왕계(諸明王軌). 제천등궤(諸天等軌) 등을 포함한다.

294.379- 위경(僞經), 고일경(古逸經)

돈황출토고사불전을 포함한다.

.38- 율부(律部), 율소(律疏), 율장((律藏) 비니장(毘尼藏)

.381 소승율(小乘律). 유부율(有部律)

유부율(有部律). 유부계경(有部戒經). 십송율(十誦律) 등을 포함한다.

.383 사분율(四分律). 갈마(羯磨). 니갈마(尼羯磨) 등을 포함한다.

.384 대중율(大衆律). 마하승기율(摩 訶 僧祇律). 마하승기비구니계본 등

.385 오분율(五分律). 미사새갈마본. 오분비구니계본. 오분계본 등을 포함한다.

.386 대승율(大乘律). 범망경(梵網經)보살계본(菩薩戒本). 영락율(瓔珞律) 등

.387 음광율(飮光律) . 정량율(正量律). 율이십이명료론(律二十二明了論) 등을 포함한다.

.389 잡율(雜律)

.39- 논부. 논소. 논장(論部. 論疏. 論藏)

.391- 석경론부(釋經論部)

사아함모초해(四阿鋡모抄解). 삼법도론. 대지도론. 금강반야론. 묘법연화경우파제사. 법화경론. 화엄경론. 십지경론. 십주비바사론. 무량수경론. 열반론. 정토론. 유교경론. 불지경론. 대승사법경석. 아함경석. 반야경석. 보적경석. 제경석 등등

.392- 비담부(毘曇部)

육족론(六足論). 발지파사론(發智婆沙論). 제비담(諸毘曇). 구사론(俱舍論)

294.393- 중관부(中觀部) 중론(中論) 백론(百論) 십이문론(十二門論) 등등

.394- 유가부(瑜伽部)

유가론(瑜伽論). 유식론(唯識論). 섭대승론(攝大乘論).

중변론(中邊論). 법계무차별론(法界無差別論). 현양론(顯揚論).

대승법(大乘法) 등을 포함한다.

.395- 논집부(論集部)

성실론(誠實論) 대승기신론(大乘起論). 인명론(因明論).

팔대승론(八大乘論). 외도종론(外道宗論). 입세론(立世論).

보리심리(菩提心論). 四제론. 기신론(起信論).

인도찬술잡(印度撰述雜) 등을 포함한다.

.396- 외교부(外教部) 금칠십(金七十) 노자화호론(老子化胡論)

승종십구의론(勝宗十句義論)

.399- 경외전설(經外傳說)

.4- 법어(法語). 신앙록. 신앙생활

.41 불교윤리. 도덕. 격언

.42 법어. 어록

.43 신앙록. 명상록. 수양서

.44 불교설화 Buddhist stories 불교신화를 포함한다.

.48 개인 신앙생활 Personal religious life

.49 가족 신앙생활 Family religious life

.5- 사찰 및 승직

294.51-	사찰과 정부
	951.9-.99와 같이 지리구분한다.
	예: 불국사 294.5198
.52	사찰관리 및 행정
.523	법규 및 사찰법
.53	사찰재정. 사령(寺領)
.54	승직 승려. 승니(僧尼)의 승위(僧位)와 승관(僧官)
.55	사찰 및 부속건물의 건축. 사찰사. 사찰조경
.553-.559	특정 대륙, 국가, 지역의 사찰
	294.55에 지리구분한다.
	예: 한국의 사찰 294.5551
	중국의 사찰 294.5552
.59	사지(寺址). 사적(寺蹟). 성지순례를 포함한다.
.593-.599	특정 대륙, 국가 지역의 사지. 사적 지리구분한다.
.6-	법회(法會). 의식. 행사의궤(儀軌)
.61	행사작법(行事作法). 법식(法式) 일반
.62	강식(講式). 찬문(讚文)
.63	표백(表白). 기청(起請)
.64	결계(結界) 및 점안불사(點眼佛事)
.65	의식. 재의(齋儀). 수계(受戒). 예경(禮敬). 다비(茶毘). 축원(祝願)
.659	순례 회향(回向)
.67	불교예술 불교문화재 일반을 포함한다.

294.672 탑(塔) 및 부조(浮彫)

.673- 불상조각 및 불상

여래상(如來像). 보살상(菩薩像). 나한상(羅漢像). 사천왕상(四天王像)

.675 불교회화. 불화. 불상화. 만다라 등을 포함한다.

.678 불교음악

.679 불교 무용 및 무술. 승무. 바라춤. 불교기공 등을 포함한다.

.68 불교문학

.681-.689 불교문학 형식구분 294.68에 T3(DDC 23)을 더하여 분류한다.

예: 산문 294.688

.7- 포교(布教). 전법(傳法) (도). 교육. 교화활동

.71 포교. 설법학

.72 설법 Sermons

설교집. 각 종파의 설교 등을 포함한다.

.76 불교사회복지사업

.77 불교교육

.771 사찰교육

.772 승려교육

.773 신도교육

.78 불교사회학

294.8- 각 종파 (KDC 228 참조)

*각 종파마다 다음과 같이 공통세구분한다.

예: 선종성전(禪宗聖典) 294.863

(1) 교리, 교의 (2) 종교창시자 (3) 경전, 성전 (4) 종교신앙. 신앙록, 신앙생활 (5) 선교, 전도, 교화 (6) 종단, 교단 (7) 예배형식, 의식, 의례 (8) 종파, 교파

.81- 율종(律宗)

.819 계율종(戒律宗)

.82- 논종(論宗)

.821 구사종(俱舍宗). 비담종(毘曇宗)

.822 성실종(成實宗)

.823 삼론종(三論宗

.824 법상존(法相宗). 유식종(唯識宗)

자은종(慈恩宗).섭론종(攝論宗). 법원의림(法苑義林) 팔식(八識). 사분의(四分儀) 유식분량(唯識分量) 등을 포함한다.

.83 화엄종(華嚴宗). 지론종(地論宗)

.84 천태종(天台宗). 법화종(法華宗)

.849 열반종(涅槃宗)

.85 진언종(眞言宗). 밀교(密敎)

.859 슈겐도(修驗道) 야마부시(山伏)

.86 선종(禪宗). 법안종(法眼宗)

294.869 임제종(臨濟宗). 조동종(曹洞宗). 황벽종(黃檗宗)

.87- 정토종(淨土宗). 정토교(淨土教)

안락집(安樂集). 관념법문(觀念法門). 왕생예찬(往生禮讃).

반주찬(般舟讃) 등을 포함한다.

.879 시종(詩宗). 융통염불종(融通念佛宗)

.88- 진종(眞宗). 정토진종(淨土眞宗)

.889- 니치렌종(日蓮宗)

입정안국론(立正安國論). 입정교성회(立正佼成會)

창가학회(創價學會) 등을 포함한다.

.89 기타 종파

.891 티베트불교 Ribetan Buddhism

라마교(Lamaism)를 포함한다.

.895- 원불교(圓佛教)

295 조로아스트교, 배화교

Zoroastrianism, Parseeism [KDC 289]

296 유태교 Judaism [KDC 239]

유태신화

.12 탈무드 Talmudic

.76 체험병. 근심. 경험

Persons experiencing illness, trouble, bereavement

297 이슬람교, 회교 [KDC 280]

Islam, Babism, Bahai Faith

.122 코란 Koran

.125 이슬람교 전설

Hadith(Traditions) [of Islam]

.93 바하이즘 Bahai Faith

바하이즘(이라크의 근대종교)

298 xxx

299- 기타 종교

Religious not provided for... [KDC 290]

.5- 아시아기원종교

.51- 한국기원종교

도교(道教). 샤머니즘을 포함한다.

예: 한국도교사

.511 단군교. 대종교

.512 천도교 Chondoism

.513 증산교. 보천교. 대순진리회 등등

.519 한국기원 기타종교

.52- 중국기원종교

.53- 일본기원종교

.54- 티베트 기원종교

.56- 기타 인도기원종교

299.561- 자이나교 Jainism

.562- 힌두교 Hinduism

.563- 시크교 Sikhism

300 사회과학

300-	**사회과학 Social sciences [KDC 300]**
	300.1-.9는 표준세구분한다.
301-	사회학. 인류학 Sociology & anthropology [KDC 330]
302-	사회적 상호작용. 영향 Social interaction [KDC 331.1]
	302.01-.09는 표준세구분한다.
.2	커뮤니케이션 Communication
.23	미디어 커뮤니케이션 Media(Means of communication)
.3	집단내에서 사회적 상호작용
	Social interaction between groups
.343	난폭한자 Bullying
.5	개인의 사회와의 관계 Relation of individual to society
303-	사회적 과정 Social processes [KDC 331.1]
.33	사회적 통제 Social control
.34	사회적 리더십 Leadership
	정치적 리더십 → 324.22
.375	선전 Propaganda

303.38	여론 Public opinion
.4	사회적 변동 Social change
.484	사회개혁 Purposefully induced change 사회운동
.49	미래사회 Social forecasts
.6	사회적 투쟁. 폭력. 갈등 Conflict & conflict resolution
.64	시민혁명 Civil war & revolution
304-	사회적 행동에 영향을 주는 요인 Factors affecting social behavior [KDC 322.92, 331.4, 332.95]
.2	인간생태학 Human ecology
.6	인구론 Population
.6021	인구통계 Statistics
.63	출생 Births
.64	사망 Deaths(Mortality)
.666	가족계획 Family planning
.667	유산·낙태 Abortion
305-	사회집단 Groups of people [KDC 331.2, 332]
.23	아동 Young people
.231	아동발달 Child development
.26	노인 Persons in late adulthood

305.4 성인여성. 여성학 Women

여성문제

.42 여성의 사회적 지위와 역할 Social role & status of women

.43 여성취업. 직업여성 Women's occupations

.5 사회계층 Social classes

.52 엘리트 Upper classes. elites

.524 정치엘리트 Upper class by political status

.55 중산층 Middle class(Bourgeoisie)

.552 지식인 Intelligentsia

.569 빈민층 Poor people

.6 종교집단 Religious groups

.7 언어집단 Language groups

.8 민족. 종족. 국가집단 Ethnic & national groups

.9 직업별 각종집단 Occupational & miscellaneous groups

306- 문화 및 관례 Culture & institutions [KDC 332-336]

.1 소문화권. 하위문화권 Subcultures

.2 정치관례 Political institutions

.3 경제관례 Economic

.36 산업사회학 Industrial sociology

306.4	특정문화관점 Specific aspects of culture
.44	사회언어학 Language. Sociolinguistics
.6	종교관례 Religious instiitutions
.8	결혼과 가족 Marriage & family
.81	결혼 Marriage & marital status
.85	가족 Family
.852	농촌가족 Rural family
	도시변두리가족 → 306.85 Suburban family
.854	도시가족 Urban family
.87	가족관계 Intrafamily relationships
.872	부부관계 Husband-wife relationships
307-	지역사회, 공동사회 Communities [KDC 331.4, 335]
.1	계획과 개발(발전) Planning & development
	지역사회개발계획
.14	지역사회개발 Development
.34	재개발 Redevelopment
.7	특정류의 공동체 Specific kinds of communities
.72	농촌지역사회 Rural communities
.74	도시변두리지역사회 Suburban communities
.76	도시지역사회 Urban communities
310-	일반통계 Collections of general statistics [KDC 310]
	예: 세계연감

311-313　XXX

314-319　각 지역의 일반통계(연감)

314-　유럽통계 Europe [KDC 312]

315-　아시아통계 Asia [KDC 311]

* .1　한국통계 [KDC 311.1]

* .2　중국통계 [KDC 311.2]

* .3　일본통계 [KDC 311.3]

316-　아프리카통계 Africa [KDC 313]

317-　북아메리카통계 North America [KDC 314]

318-　남아메리카통계 South America [KDC 315]

319-　기타지역통계 General statistics of other [KDC 316-317]

320-　정치학 Political science. government [KDC 340]

320.01-.09는 표준세구분한다.

.01　철학 및 이론 Philosophy & theory

.1　국가 The state

.158　*통일 남북통일문제, 통일법을 포함한다.

.3　비교정부. 정치 Comparative government

.4　정부의 구조와 기능 Structure & functions of government

.5　정치적 이데올로기 Political ideologies

.51　자유주의 Liberalism

.531　사회주의 Socialism

320.532	공산주의 Communism
.533	파시즘 Fascism
.54	민족주의, 지역주의, 국제주의 Nationalism, regionalism, internationalism
.56	이데올로기 집단 Ideologies based on groups of people
.6	정책형성 Policy making
.8	지방정부. 정치 Local government
.85	도시정부 City government
.9	정치상황과 조건 Political situation & conditions
321-	국가, 정치체제 Systems of governments & states [KDC 341] 정치(부)와 국가형태 321.001-.009는 표준세구분한다.
.02	연방체제 Federation
.03	제국주의 Empires
.04	세계국가론 Propsed regional & world unions
.07	이상국가론. 유토피아 Ideal states(Utopias)
.09	정부형태의 변경 Change in system of government
.094	혁명론 Revolution
.1	씨족국가 Family-based government
.3	봉건국가 Feudalism
.5	엘리트주의 체제. 귀족국가 Elitist systems
.6	절대군주 국가 Absolute monarchy
.8	민주국가 Democratic government 민주주의

321.86 공화국 Republics

삼민주의(三民主義)

.9 권위주의. 독재주의 Authoritarian government

322- 조직집단과 국가의 관계 Relation of the state to organized

[KDC 342]

.1 종교조직과 집단 Religious organizations & groups

.2 노동운동과 집단 Labor movements & groups

.3 기업과 정부의 관계 Business & industry

.4 정치적 행동집단 Political action groups

.5 군사(군대)집단봉사 Armed services

323- 시민과 정치적 권리 Civil & political rights [KDC 342]

인권(人權)

323.01-.09는 표준세구분한다.

.4 특정시민권. 시민권의 제한과 중지 Specific civil rights;...

.42 평등권 Equal protection of law

.44 자유 Freedom of action

자유론

.442 신앙의 자유 Freedom of conscience & religion

양심의 자유

.443 언론의 자유 Freedom of speech

323.445 출판의 자유 Freedom of publication

.46 재산의 자유 Property rights

경제적 자유 Economic rights

.47 집회결사의 자유 Right of assembly & association

.48 청원권 Right of petition

.49 인권의 제한 Limitation & suspension of civil rights

언론의 탄압

.5 정치적 권리 Political rights

.6 시민권과 관련원리 Citizenship & related topics

.67 여권, 비자 Passports & visas

324- 정치적 과정 The political process

.2 정당 Political parties(KDC 344, 346)

.22 정치적 리더십 Leadership

.4 압력집단 Interest & pressure groups

.5 후보자의 지명 Nomination of candidates

.6 선거체제와 절차 Election systems & procedures; suffrage

.62 투표권 Suffrage

.63 선거제도 Electoral systems

.66 선거 Election fraud

324.7 선거운동의 시행 Conduct of election campaigns

.72 선거전략 Strategy

.9 정당사 Historical & geographic...

.91-.99 각국의 정당 Geographic treatment

지리구분 930-999와 같이 구분한다.

예: 민주공화당(한국) 324.951

325- 이민 및 식민지화 International migration & colonization

[KDC 322.95-96]

.1 이입·이주 Immigration

.2 이민 Emigration

.23-.29 각국의 이민 지리구분 930-999와 같이 구분한다.

예: 재일한국인 325.2510953

.3 식민 Colonization

.33-.39 각국에 의한 식민 Colonization by specific countries

예: 일본식민사상사 325.353

326- 노예화와 해방 Slavery & emancipation [KDC 342.3]

노예제도

327- 국제관계 International relations [KDC 346]

327.02-.09는 표준세구분한다.

국제정치론

국제법 → 341 국제기관 → 341.2

327.09 외교사 Historical, geographic, persons treatment

.17 국제협력 International cooperation

.2 외교 Diplomacy

.3-.9 각국의 국제관계 Foreign relations of specific...

예: 영국과 프랑스와의 국제관계 327.42044

대한민국외교연표 327.51

328- 입법과정 The legislative process (KDC 345)

328.01-.09는 표준세구분한다.

.1 입법체들의 규칙과 절차

Rules & procedures of legislative bodies

.2 의안제출 및 투표 Initiative & referendum

.3 입법부(立法府) Specific topics of Legislative bodies

의회론. 의회제도론

.33 의원. 의원직 Member & membership

.34 권한, 특권, 제한 Powers, privileges, restrictions

.3412 예산심의권 Financial power

.345 국정감사권 Extralegislative power

.36 원내조직론 Internal organization and discipline

328.4-.9 각국의 입법부 The legislative process in specific...

지리구분한다. 예: 캐나다의회 328.71

*형식구분 여기서의 01-09는 328.4-.9에서만 적용한다.

01 잡지 Journals & calendars

02 회의록 Debates

03 초 록 Abstracts

04 속기록 Other documents

05 법령집 Rules & procedures

07 특정한 주제 Specific & persons treatment

예: 영국의회 328.42

한국 국회속기록 328.5104

일본 국회회의록 328.5302

제헌국회사(한국) 328.5109

[329]- XXX → 324.2

330- 경제학 Economics [KDC 320]

330.01-.09는 표준세구분한다.

.0151 수리경제학 Mathematical principles

.015195 계량경제학 Statistical mathematics

.1 체제와 이론 Systems, schools, theories

응용경제학 → 330.0151

미시경제학 → 338.5

거시경제학 → 339

.122 자본주의 Free enterprise economy

330.124 계획경제 Planned economies

.126 혼합경제 Mixed economies

.15 근대경제학파 Schools of economic thought

.151 한계효용학파 Pre-classical schools

.152 중농주의(重農主義) Physiocracy

.153 고전주의 Classical economics

.1542 역사학파 Historical school

.155 제도학파 Miscellaneous schools

.156 케인즈경제학파 Keynesian economics

신고전학파

.9 경제적 상황과 조건 Economic situation & conditions

331- 노동경제학 Labor economics [KDC 321.5]

331.01-.09는 표준세구분한다.

노동문제 Labor problems

노동정책

.01 철학 및 이론 Philosophy & theory

노동심리

노동철학

.1 노동력과 시장 Labor force & market

.11 노동력 Labor force

331.12 노동시장 Labor market

.12042 노동시장에 대한 정부정책

Government policy on labor market

.123 노동수요 Demand (Need, Requirements) for labor

.124 직무결원(공개, 기회) Job vacancies(Job openings)

(opportunities)

.125 고용서비스. 실재 고용된 노동 Labor actively employed

.126 고용변경 Labor turnover

.127 노동자의 이동 Labor mobility

노동의 이동성

.128 직업소개 Placement

.129 산업과 직장에 의한 노동시장

Labor market by industry & occupation

.137 실업 Unemployment

.1378 각 직업의 실업 Unemployment among general classes...

예: 농업잠재실업

.1379 각 국의 실업 Historical, geographic, persons treatment

예: 멕시코의 실업 331.137972

331.2 보상과 고용의 기타조건 Conditions of employment

.21 보상·임금 Compensation·wages

.22 보상차이 Compensation differentials

.23 임금계획 Guaranteed-wage plans

최저임금 Minimum wage

.252 노동자연금제도 Pension

XX 658.3258

.257 노동시간 Hours

.2592 직업훈련 Training

.281 각 산업의 임금 Compensation in industries...

예: 농업임금 331.2863

.29 각 국의 임금 Historical, geographic, persons...

예: 한국의 임금문제 331.2951

*331.3-331.6 노동자의 특수층

.3 특정연령집단의 노동자들 Workers by age group

.31 소년노동자 Children

.34 청년노동자 Young people

.4 여성노동자들 Women workers

.48 각 직업에 고용된 부인 Women workers by industry...

여성노동자

331.5 연령과 성 이외 특정범주의 노동자 Special categories of workers...

.51 죄수노동자 Prisoners & ex-convicts

죄인노동자

.542 계약노동자 Contract workers

.59 장애인노동자 Workers with disabilities & illnesses

.62 외국인 노동자, 이동노동자 Immigrants & aliens

.702 직업선택 Choice of vocation

.71 전문노동자 Professional occupations

.761 각 직업의 노동자 Industries & occupations other...

.8 노동조합, 단체교섭, 노사쟁점 Labor unions, labor-management...

노동쟁의, 노동운동

.87 노동조합조직 Labor union organization

.872 노동조직 Level of organization

.88 노동조합 Labor unions (Trade unions)

직능별노동조합

.8809 노동운동사 Historical, geographic, persons treatment...

지리구분 940-999와 같이 구분한다.

예: 영국의 노동조합 331.880942

331.88091 국제노동조합 Treatment by areas, ... International unions

.89 노사쟁점. 단체교섭 Labor-management(collective)...

노동쟁의. 단체협약. 노사협의

.891 노동계약 Contracts & related topics

.892 파업 Strikes

332- 금융경제학 Financial economics [KDC 327]

332.01-.09는 표준세구분한다.

.041 자본금 Capital

.04246 이주자 송금 Emigrant remittances

.1 은행 Banks

은행론

은행실무(Banking services) → 332.17

.11 중앙은행 Central banks

.12 상업은행 Commercial banks

.123 사영(私營)은행 Private banks

.15 국제은행 International banks

세계은행

.152- 국제통화기금 International Monetary Fund (IMF)

.17 은행실무 Banking services

은행업무 Banking practices

.21 저축은행 Savings banks

332.26	신탁론 Trust companies
.3	신용, 대부기관 Credit & loan institutions
	중소기업은행
	크레디트(Credit) → 332.38
.31	농업은행. 농업금융 Agricultural institutions
	토지금고 Land banks
.32	주택은행 Savings & loan associations
.34	전당포 Pawnshops
.4	화폐 Money
	금융론. 화폐금융론
.401	화폐이론 Philosophy & theories
	화폐론. 통화조절
.41	화폐가치 Value of money
.414	화폐가치변동 Factors affecting fluctuations in value
.42	화폐본위 Monetary standards
	금속화폐
.422	단본위제(單本位制) Monometallic standards
.423	복본위제(複本位制) Bimetallism
	금본위제(金本位制) Symmetallic standards
	은본위제(銀本位制) → 332.42
	불환지폐 → 332.42 Fiat money

332.45 외환론 Foreign exchange

국제금융론

국제통화 International monetary

.456 환율 Exchange rates

.46 금융정책 Monetary policy

.49 각국의 화폐제도 및 화폐경제 Historical, geographic, persons...

예: 미국의 화폐제도 332.4973

한국화폐도감 332.4951

.6- 투자금융 Investment

투자론. 주식경제론

증권투자론 → 332.63

.62 증권업. 증권중개인 Sucurities brokers

.63 투자의 유형. 증권투자 Specific forms of investment

.632 주식투자 Securities, real estate, commodities

유가증권

.642 증권거래 Exchange of securities exchanges

.645 투기 Speculation

.66 투자은행 Investment banks

.67 투자실무 Investments in specific industries, ...

332.673	국제투자 International Investment
.678	투자안내 Investment guides
.7-	신용론 Credit
.72	부동산 재정과 저당(抵當) Real estate finance & mortgages
.743	사채 Personal cards
.765-	신용카드 Credit cards
.77	신용장 Commercial paper. Letters of credit
.8	이자론(利子論) Interest
	이자율 Interest
.83	고리(高 利) Usury
	고리대금
.9	위조지폐 Counterfeiting, forgery, alteration
333-	토지와 에너지경제학 Economics of land & energy
	토지제도, 토지이용론 [KDC 321.32]
	*333.001-009는 표준세구분한다.
.1	국유지 Public ownership of land
.2	공유지 Ownership of land by nongovernmental groups. common land
.3	사유지 Private ownership of land
	사유재산

333.31 토지개혁 Land reform

.32 토지보유권 Types of tenure

.322 봉건적 토지보유권 Feudal tenure

봉건제

.323 개인소유권 Individual tenure

.324 단체소유권 Corporate ownership

.33- 부동산학. 부동산 경영론

Transfer of possession & of right to use

부동산 마케팅 Real-estate marketing

.332 부동산(토지)의 평가 Value & price of land

부동산의 감정

.3323 부동산 가격론 Price

.4 토지의 부재자(재외자(在外者))소유 Absentee ownership

.5 부동산 임대(임차) Renting & leasing land

.53 소작관계 Tenancy

.54 지주제도 Landlord-tenant relations

지주와 소작인과의 관계

.7- 자연자원 Natural resources & energy (continued)

자원문제

에너지 Energy

.72- 자연보호 conservation & protection

333.73	토지자원 Land
.75	산림자원 Forest land
.76	농지자원 Rulal lands. Agricultural lands 농지개혁. 농지제도
.77	도시의 토지자원 Urban lands
.78-	관광자원 Recreational & wilderness areas
.79	에너지 Energy
.7924	원자력 에너지 Nuclear energy
.85	광물자원 Minerals
.91-	수자원 Water & lands adjoining bodies of water
.92	공기자원 Air
.95	생물자원 Biological resources
.953	식물자원 Plant & microorganisms
.954	동물자원 Animals
.956	수산자원 Fishes
334-	협동조합 Cooperatives [KDC 324.2] 협동조합론
.1	건축 및 주택조합 Housing cooperatives
.2	금융 및 신용조합 Banking & credit cooperatives 신용조합
.5	소비자 협동조합 Consumers cooperatives

334.6 생산자 협동조합 Producers cooperatives

산업조합. 상업조합

.681 기타조합, 단체 Producers cooperatives by industries...

.7 공제조합 Benefit societies

335- 사회주의 관련체제 Socialism & related... [KDC 320.904]

335.001-.009는 표준세구분한다.

.12 유토피아 사회주의 Utopian socialism

.14 페비언 사회주의 Fabian socialism

.15 길드 사회주의 Guild socialism

.2 프랑스 사회주의 Systems of French orign

.23 푸리에주의 Fourierism (Phalansterianism)

.4- 마르크스 사회주의 Marxian systems

(공산주의 XX 320.532)

.4112 유물사관(유물론). 변증법적 유물론 Dialectical materialism

.4119 사적유물론 Historical materialism

.43- 공산주의 Communism (Marxism-Leninism)

마르크스 Marxism 레닌 Leninism

공산주의 이념 → 320.532

.4346 아시아 여러 가지 공산주의 Asian national variants

.437 공산주의 비교연구 Comparative studies

335.5 민주사회주의 Democratic socialism

.6 파시즘 Fascism (XX 320.533)

.7 기독교사회주의 Christian socialism

.82 상디칼리즘 Syndicalism

.83 아나키즘(無政府主義) Anarchism

사회주의 단체 → 307.77 Voluntary socialist & anarchist community

336- 재정학 Public finance [KDC 329]

.001-.008 표준세구분한다.

.1 조세이외의 수입 Nontax revenues

.2- 조세 Taxes

세금, 내국세, 국제조세

.2012 국세 National taxes

.2014 지방세 Local taxes

.205 조세개혁 Tax reform

.22 부동산세 Real property taxes

.23 개인재산세 Personal property taxes

.24 소득세 Income taxes

소득세법

.2424 양도소득세 Capital gains

336.243 법인세 Corporate income taxes

.26 관세 Customs (Tariff)

.264 수입세 Import taxes

.271 소비세 Excise, sales, value-added, related taxes

.2713 판매세 Sales taxes

.2714 부가가치세 Values-added taxes

영업세

.272 인지세 Stamps taxes & revenue stamps

.276 상속세 Death & taxes

증여세 Gift taxes

.278 각 상품 및 서비스업에 대한 稅 Taxes on products, services...

예: 주세(酒 稅). 극장입장세

.29 조세론 Principles of taxation

조세원칙

.294 조세부담 Incidence

.31 공공국채 Government securities

.34 공채(公債) Public debt

.3433 국가공채 National level

.3435 국제공채 International public debt

336.36 부채, 채무관리 Debt management

.4-.9 각국의 조세 Public finance of specific continents, ...

지리구분 940-999와 같이 구분한다.

예: 한국의 조세제도 336.51

일본세법 336.53

337- 국제경제학 International economics [KDC 322.8]

세계경제

.1 국가간 경제협력 Multilateral economic cooperation

.142 유럽연합 European Union(EU)

.143 유럽자유무역연합 European Free Trade Asso...

(EFTA)

.147 동구경제상호원조회의 Council for Mutual Economic Assi...

(COMECON)

동구공산권 경제 상호원조 협의회

.3-.9 대외경제정책관계 Foreign economic policies and relations...

930-999와 같이 지리구분한다.

예: 영국과 프랑스 경제관계 337.41044

338- 생산, 산업경제 Production [KDC 322-324, 522]

생산경제. 상품학

338.001-.009는 표준세구분한다.

338.01 생산경제이론 Factors of production

재생산론

338.1-338.3 1차 산업

.1 농업경제 Agriculture

.17 생산 Products

.2 광공업 Extraction of minerals

.3 기타 1차산업 Other extractive industries

.4 2차산업 Secondary industries & services

.454 생산자동화 Automation

.5- 일반생산경제 General production economics

미시경제 Microeconomics

.51 생산비용 Costs

.52- 가격 Prices

물가론

가격결정 Price determination

.521 가격론 Price theories

.528 가격수준. 물가통계 Price levels. statistics

.54 경기변동 Economic fluctuations

.542 경기순환론 Business cycles

.544 생산예측 General production forecasting & forecasts

338.6 생산조직 Organization of production

.62- 공기업 Public enterprise

.63 생산제도 Systems of production

.634 가내공업 Domestic system

.642- 중소기업 Small business

.644 대기업 Big business

.65 공장제도 Factory systems

.74- 회사 Corporations

회사법 → 346.066

.8 기업결합 Combinations

.82- 독점 Restrictive practices. monopoly & monopolies

독점기업. 독점금지법

.83- 기업합병, 통합 Mergers

.85 기업합동 Trusts

.86 지주회사 Holding companies

.88 국제기업연합 Multinational business enterprises

.9 경제발전과 성장 Economic development & groeth

경제발전론 Economic development

경제정책론 Economic policy

경제계획 Economic planning

통제경제

338.91 국제경제발전과 성장 International development & growth

국제경제 → 337

후진국경제개발. 외자도입

경제협력 Economic assistance

국제경제원조 Economic aid

*각국의 경제협력(원조정책)

예: 미국의 경제협력정책 338.9173

미국의 한국에 대한 원조 338.9173051

.93-.99 각국의 경제발전과 성장 Economic development & growth...

예: 중국의 경제계획 338.952

339- 거시경제학 관련논제

Macroeconomics & related topics [KDC 321.8]

.2 분배론 Distribution of income & wealth

소득분배. 소득과 부(富)

.23 투입산출분석 Input-output analysis

.26 자금순환 Flow-of-fund accounts

.3 국민생산. 국민소득회계 product & income accounts

.33-.39 각 국의 국민소득 930-999와 같이 지리구분한다.

예: 한국의 국민소득 339.351

339.41 소득과 소비관계 Income in relation to consumption

.42 생계비 Cost of living

.43 저축, 투자 Savings & investment

.46 경제적 빈곤 Poverty

.47 소비. 지출 Consumption(Spending)

.5 거시경제정책 Macroeconomic

.53 화폐정책 Use of Monetary polic

340- 법학 Law [KDC 360]

340.02-.09는 표준세구분한다.

.02 편람. 잡저 Miscellany

.023 전문직, 직업, 취미로서의 법 Laws a profession, occupation, hobby

.03-.08 표준세구분한다.

.09 법의 역사, 지리, 인물취급

Historical, geographic, persons treatment of law

.092 인물취급 Persons treatment

.1 법철학 및 이론 Philosophy & theory of law

.109 법이론 및 학파의 역사, 지리, 인물취급

historical, geographic, persons of...

.11 법철학 및 이론의 특수주제

Special topics of philosophy & theory of law

340.112 법과 윤리 Law & ethics

.114 정의, 공정성 Justice

.115 법과 사회 Law & society

.12-.19 철학 및 이론의 특수주제

Specific aspects of philosophy & theory

.2 비교법 Comparative law

.3 법개혁 Law reform

.5- 법제도 Legal systems

.52 전통사회의 법 Law of traditional societies

.524-.529 현대사회속의 전통사회의법

Law of traditional societies in modern world

.53- 고대법 Ancient law

.54- 로마법 Roman law

340.53-340.59 중세법, 현대법, 동양법의 체계

.55 중세 유럽법 Medieval European law

.56 대륙법체계 Civil law systems

.57- 영미법체계 Common law systems

.58- 유태법. 동양법 Jewish law. Oriental law

.59 이슬람법 Islamic law

.91 **각국 법령 340.91에 T2(DDC 23) 지리구분 -3-9를 더하여 분류 한다.

340.98 **각국 판례 340.98에 T2(DDC 23) 지리구분 -3-9를 더하여 분류한다.

341- 국제법 Law of nations [KDC 361]

.02 편람. 잡집 Miscellany

.026 조약과 판례 Treaties, codes, cases

341.0261-341.0266 조약집 Texts of treaties

.0261 국제연맹 조약 League of Nations series of treaties

.0262 국제연합 조약 United Nations series of treaties

.0263 지역기구 조약 Series of treaties compiled...

.0264 지역별 조약집 Collections of treaties by area

.0265 다자간 조약 Multilateral treaties

.0266 양자간 조약 Bilateral treaties

예: 영국과 프랑스조약 341.026641044

.0267 법전(法典) Codes

.0268 판례 Cases

예: 영국판례 341.026841

영국과 미국판례 341.026841073

.04 외국법과 국내법의 관계

Relation of law of nations & domestic law

.09 역사, 지리, 인물취급 Historical, geographic, persons...

.092 인물취급 Persons treatment

341.1 국제법의 법원 Sources of law nations

.2 국제사회 The world community

.21 세계정부 World government

34.22-341.24 국제정부기구

.22- 국제연맹 League of Nations

.23 국제연합 United Nations

.231 기능과 활동 Functions & activities

.232 조직 Organization

.2322 총회 General Assembly

.2323 안전보장이사회 Security Council

.233 가입 및 회원 Admission & membership

.234-.239 특정국가와의 일반적 관계

General relations with specific nations

.24 지역기구 Regional organizations

.242 유럽지역기구 European regional organizations

.2421 유럽회의(협의) Council of Europe

.2422- 유럽연합 European Union

유럽공동체, 유럽경제공동체, 유럽공동시장

.2424 유럽의회 European Parliament

.243 대서양지역기구 Atlantic regional organizations

.245 서반구지역(미주지역)기구

Western Hemisphere regional organizations

341.246 태평양지역조직 Pacific regional organizations

.247 아시아지역기구 Asian regional organizations

.249 아프리카지역기구 African regional organizations

.26 국가 States

.27 반 주권국가 Semisovereign states

식민지

.28 비자치지역 Non-self-governing territories

.29 국제법상의 특수지위를 갖는 지역 Areas having special status in international law

.3- 국제관계 Relations between states

.33 외교법 Diplomatic law

.35 영사법 Consular law

.37 조약 Treaties

.4 관할권, 국가간 관할권 Jurisdiction over physical;...

341.42-341.47 물리적 관할권

.42- 영토 Territory

.44 수역 Bodies of water

.442 강(江), 내 Rivers

.444 호수 및 내륙 Lakes & inland seas

.446 운하, 해협 Canals & straits

.448 영해(領海) Territorial waters

.45 공해(公海) High seas

341.455 해저(海底) Seabed(Ocean bottom)

.46 영공(領空) Airspace

.47 우주 Extraterrestrial space

.48 인권 Human rights

.483 개별적 인권 Specific human rights

예: 종교의 자유, 양심의 자유

.485 특정사회집단의 권리 Right of specific social groups

.486 무국적자와 망명자의 권리

Rights of stateless persons and refugees

.5 국가간 분쟁과 갈등 Dsputes & conflicts between states

.52- 평화적 해결 Peaceful settlement

.522 중재 Arbitration

.523 국제기구의 역할 Role of intergovernmental organizations

.55 판결 Adjudication

.552 국제사법재판소 International Court of Justice

.58 강제적 전쟁 종료방법

Coercive methods of settlement short of war

.582 제재 Sanctions

.584 개입 Intervention

.6 전쟁법 Law of war

.62 전쟁개시, 침략 Initiation of war

341.63 전쟁수행 Conduct of war

.64 중립 및 중립국가 Neutrality & neutral states

.65 포로취급 Treatment of prisonners

.66 전쟁종료 Termination of war

.67 인도주의 법 Humanitarian law

.68 국가법과 내전 Law of nations & civil war

.69 전쟁범죄 War crimes

.7 국제협력 International cooperation

.72 상호안보 Mutual security

.722 평화적 참가 Peaceful occupation(Friendly occupation)

.73 평화와 무장해제 Peace & disarmament

.733 무장해제 Disarmament

.734 핵무기통제 Control of nuclear weapons

.735 생화학무기통제 Control of chemical & biological weapons

.738 평화시 전략무기통제

Control of strategic weapons during time of peace

342-349 법분야 Branches of law

342-347 법분야 Branches of law

342- 헌법과 행정법

Constitutional & administrative law [KDC 362-363]

.001-.008 표준세구분 Standard subdivisions

.009 역사, 지리, 인물취급 Historical, geographic, persons...

.02 정부의 기본적인 조직기구 Basic instruments of government

.023 헌법전 Texts of constitutions

.024 법원(法源) Sources

.029 헌법사 Constitutional history

.03 헌법전의 개정 및 증보

Revision & amendment of basic instruments of government

.032 개정절차 Amendment procedure

.035 제출 및 계류중인 개정안 Proposed & pending amendments

.039 개정의 역사 History of amendments

.04 정부의 조직, 권한, 기능

Structure, powers, functions of government

.041 정부의 권한과 기능 Power & functions of government

.0418 경찰권 Police powers

.042 여러 차원의 정부 Levels of government

.044 정부기관 Branches of government

.05- 입법기관 Legislative branch of government

.052 직무, 기능, 권한 Duties, functions, powers

.053 대의제도 Basis of representation

342.055 입법기관의 구성원 Membership

.057 조직과 절차 Organization & procedure

.06- 집행기관 Executive branch of government

행정법 administrative law

.062 집행부(행정부)의 장과 차장 Chief & deputy chief executives

.0628 계엄령 Martial law

.064 행정각부와 위원회

Executive departments(Ministries) and agencies

.066 행정절차 Administrative procedure

.0662 공문서, 공적기록 Public records

.068 공무원 Officials & employees

.07- 선거법 Election law

.072 선거권과 선거자격 Voting rights & qualifications for voting

.075 선거절차 Voting procedures

.078 선거운동 Campaign practices

.08- 인적 관할권 Jurisdiction over persons

.082 출입국 Entrance to & exit from national domain

.083 시민권과 국적 Citizenship & nationality

.084 낙태 Abortion

.085 개인의 권리와 활동 Rights & avtivities of individuals

.0858 개인정보보호(프라이버시) Maintenance of privacy

.087 사람들의 집단 Groups of people

342.088	정부의 법적책임 Government liability 국가배상
.09	지방정부 Local Government
.1	사회경제지역 Socioeconomic regions
.2	지역국제기구 Regional intergovernmental organizations
.3-.9	특별국제기구 Specific intergovernmental organizations
343-	군사, 조세, 무역법, 세법, 통상법, 기업법... Military, tax, trade, industrial law... [KDC 365, 368] commerce(trade), industrial law
.001-.008	표준세구분 Standard subdivisions
.009	역사, 지리, 인물취급 Historical, geographical, persons...
.01	군법 및 국방법, 재향군인법 Military & defense law, veterans law
.011	재향(제대)군인법 Veterans law
.012-.019	군법 및 국방법
.012	인력동원 Manpower procurement
.013	군대생활, 풍습, 자원 Miliyary life, customs, resources
.014	훈련 Discipline & conduct
.015-.019	특수군사. 국방법 Specific aspects of military & defense law

343.02	공공재산관리법 Law of public property
	공용부담법
.023	개인재산(동산) Personal property
.025	부동산 Real property
.03	공공재정법 Law of public finance
.032	화폐법 Monetary law
.034	예산과 지출 Budgeting & expenditure
.036	세입법 Revenue law
.037	공공대부와 부채 Public borrowing & debt
.04-	세법 Tax law
.042	과세 및 징수 Tax assessment & collection
.043	단위별 세금 Taxes by lavel
	국세, 지방세
.05-.06	세금의 종류
.05	과세근거별 조세의 종류 Kinds of taxes by base
.052-	소득세 Income tax
.053	상속세, 증여세 Death & gift taxes
.054-	재산세 Property taxes
.055	소비세, 거래세 Excise & turnover taxes
	특별소비세, 부가가치세, 영업세

343.056	관세 Customs taxes(Tariff)
.057	증지세 Stamp taxes
.06	과세대상별 종류 Kinds of taxes by incidence
.062	개인세, 인두세 Taxes on individuals
.064	신탁세, 연금 신탁세 Taxes on fiduciary trusts
.066-	법인세 Taxes on organizations
.067	회사세 Taxes on corporations
.068	기업세 Taxes on business enterprise
.07-	경제활동의 규제 Regulation of economic activity
	국제경제법 International economic law
.071	소비자보호 Consumer protection
.072-.075	규제의 특정측면
.072	불공정행위 Unfair practice
.074	경제지원 Economic assistance
.075	생산품규제 Production controls
.076- .078	특정산업에서의 규제 예: 건축법 343.07869
.076	농업 Agricultural industries
.077	광업 Mineral industries
.078	2차산업과 서비스 Secondary industries...
.08	무역규제 Regulation of commerce(trade)
.08114	소매상 효과적 판매촉진책
	Retial channels by merchandising pattern

343.082- 광고, 상표 Advertising & labeling

.083 가격 Prices

.084 마케팅 Mrketing

.085 특별한 상품 Specific commodities

.087 국제무역 International commerce(Foreign trade)

.09- 공공자원관리 Control of public utilities

.091 공공자원관리의 일반적 항목

General considerations of control of public utilities

.092 수자원 및 동력공급 Water & power supply

.093 운송 Transportation

343.094-343.098 특정운송관련

.094- 육로운송 Road transportation

.095- 철도운송 Railroad transportation

.096- 해운 Water transportation

.097- 항공운송 Air transportation & space transportation

.098 지역운송 Local transportation

.099 통신, 매스미디어 법 Communication

.0994 전신, 전화 Telecommunication

.1 사회경제지역 Socioeconomic regions

.2 지역정부조직 Regional intergovernmental organizations

.3-.9 특정관할권 및 지역 Specific jurisdictions & areas

344-	노동, 사회복지, 교육, 문화법 [KDC 365, 368] Labor, social service, education, culture law
.001-.008	표준세구분 Standard subdivisions
.009	역사, 지리, 인물취급
.01-	노동법 Labor
.011-.018	노동의 특정관점 Specific aspects of labor
.02-	사회보장(보험) Social insurance
.021	노동자 재해보상보험 Workes compensation insurance(Workmens...)
.022	상해 및 질병보험 Accident & health insurance
.023	노령보험 Old age & survivors insurance
.024	실업보험 Unemployment insurance
.028	범죄보험 Insurance against crimes of violence
.03-	사회서비스 Social service
.031	일반적 사회서비스의 특정문제 Specific topics of social service in general
.032	사회복지 Social welfare problems & services
.033	식량공급 Food supply
.035	형사기관 Penal institutions
.04-	각종 사회문제 및 정책 Miscellaneous social problems & services

344.041 의료인력과 활용 Medical personnel & their activities

.042 생산품 관리 Product control

.043 질병관리 Control of disease

.044 정신건강서비스와 약물남용자에 대한 서비스

Mental health services and services to substance abusers

.045 사체의 처리 Disposal fo dead

.046 환경보호 Environmental protection

환경법

.04633 오염원 Pollutants

.046336 산성비 Acid pollution

.046342 공기오염 Air pollution

.046343 수질오염 Water pollution

.047 안전 Safety

.048 인구정책, 산아제한 Population control

.049 수의공중보건 Veterinary public health

.05- 경찰서비스 기타 공공안전 및 공중도덕과 관습

Police services, other aspects of public safety, matters concerning public morals & customs

.06 사회사업 또는 공공사업 Public works

.07- 교육 Education

344.071-344.074 교육관련 Kinds of education

344.071　공공교육 Public education
.072　사립교육 Private education
.073　국립 및 공립교육 Education by level of government
.074　교육수준 Education by level of education 초등, 중등, 고등
.075　학교 및 학교책임자의 책임
Liability of schools, of school officials of school districts
.076　교육재정 Finance education
.077　교육과정과 교재 Curriculums & educational materials
.078　교원과 교수법 Teachers & teaching
.079　학생 Students
.08-　교육 및 문화교류 Educational & cultural exchanges
.09-　문화와 종교 Culture & religion
.091　역사적 기념일, 국가적 기념일
Historic commemoration & patriotic events
.092　도서관 및 기록보존소 Libraries & archives
.093　박물관 및 미술관 Museums & galleries
.094　유물보존 Historic preservation
.095　과학 및 기술 Science & technology
.096　종교 Religion
.097　예술 및 인문 Arts & humanities
.099　오락 Amusements

345-	형법 Criminal law [KDC 364]
.001-.008	표준세구분 Standard subdivisions
.009	역사, 지리, 인물취급 Historical, geographic, persons treatment
.01	범인, 범죄자 Criminal courts
	345.02-345.04 일반적 항목 General considerations
.02	범죄 Crimes(Offenses)
.023-.028	구체적인 범죄의 유형 Specific crimes & classes of crime
.03	범죄인 Criminals(Offenders)
.04	책임성 Liability responsibility, guilt
.05-	형사소송절차 Criminal procedure 형사소송법
.052	수사 및 법집행 Criminal investigation & law enforcement
.0527	체포 Arrests
.056	피의자의 권리 Rights of suspects
.06-	증거 Evidence
.062-.067	증거의 구체적 측면 Specific aspects evidence
.07	재판 Trials
.072	재판 전 절차 Pretrial procedure 고발, 청원
.075	재판절차 Trial(Courtroom Procedure)
.077	판결 Final disposition of cases

345.08- 소년법원 및 절차 Juvenile procedure & courts

소년법

.081 소년법원 Juvenile courts

.087 신문, 재판, 사건처리 Hearing, trials, disposition of cases

.1 사회경제지역 Socioeconmic regions

.2 지역정부간 조직 Regional intergovernmental organizations

.3-.9 특별관할권과 지역 Specific jurisdictions & areas

.411 스코틀랜드 형법 Criminal law of Scotland

.42 잉글랜드 형법 Criminal law of England

346- 사법 Private law [KDC 365-366]

민법 Civil law 상법 → 346.07

.001 철학 및 이론 Philosophy & theory

.002 편람, 잡집 Miscellany

.003 사전, 백과사전, 용어 색인집

Dictionaries, encyclopedias, concordances

.004 형평법 Equity

.005-008 표준세구분 Standard subdivisions

.009 역사, 지리, 인물취급

Historical, geographic, persons treations

346.01 인물과 가족관계 Persons & domestic relations

.012 인물 Persons 자연인. 법인

.013 인물의 능력과 지위 Capacity & status of persons

.015- 가족법 Domestic relations(Family law)

.016 결혼 Marriage

.017 부모와 자식 Parent & child

.0178 입양 Adoption

.018 후견인과 피후견인 Guardian & ward

.02 법률상 계약서 대리권 Juristie aets, contracts agency

채권법. 계약법

346.022-346.025 계약 Contracts

.022 계약의 일반적 항목 General considerations of contracts

계약파기, 계약당사자, 계약해제

.023 공적계약 Public contracts(Government contracts)

.024 서비스계약 Contracts of service

.025 보석(保釋)관련 계약 Contracts involving bailments

.029 대리와 준계약 Agency & quasi contract

대리권

346.03- 불법행위 Torts(Delicts)

.031 특정인물의 책임 Liability of classes of persons

.032 과실 Negligence

.033 대인불법행위 Torts against the person

.034 명예훼손 Libel & slander(Defamation)

.036 대물불법행위 Torts involving property

.038 제조물책임 Product liability

.04- 재산(법) Property

물권법

.042 재산의 종류 Kind of interest in property

.043 부동산 Real property

지적법 . 임대차보호법 346.0434 부동산등기법 346.0438

.044- 부동산에 대한 정부규제와 통제 Government control & regulation of specific kinds of land & natural resources 토지공법

.045 지역사회계획 Regional & local community planning

도시정비법. 도시개발법

.046 특정종류의 토지와 천연자원에 대한 정부관리 및 규제 Government control & regulation of specific kind of land & natural resources

.047 동산(개인재산) Personal property

.048- 무형재산 Intangible property

지적재산권. 산업재산권. 캐릭터상품권

.0482 저작권 Copyright

346.0484 의장권 Design protection

.0486 특허권 Patents

.0488 상표권 Trademarks

.05- 유산, 상속, 신탁, 수탁자

Inheritance, succession, fiduciary trusts, trustees

.052 유산과 상속 Inheritance & succession

.054 유언(장) Wills

.056 자산의 관리 Administration of estates

.057 주인불명재산 Unclaimed estates

.059- 신탁재산 Fiduciary trusts

공탁법

.06 단체, 조직체 Organization(Associations)

.063 회계 Accounting

.064 비영리조직 Nonprofit

.065- 영리기업 Business enterprises

기업법

.066 회사법 Corporations(companies)

주식회사법

.067- 공기업 Government corporations

.068 법인격없는 사업체 Unincorporated business enterprises

.07- 상법 Commercial law

.072 판매 Sale

346.073	대출 Loan
.074	보증거래, 보증계약 Secured transactions
	동산저당, 담보권, 보증인의 책임
.077-	채무자와 채권자 Debtor & creditor
.078	파산(법) Bankruptcy
	도산(법). 회생사건
.08-	은행, 보험 Banking & insurance
.082	은행 및 예탁 Banks Banking
.086	보험 Insurance
.09-	투자와 유통증권 Investment & negotiable instruments
.092	투자 Investment 증권법. 증권거래법
.096-	유통증권 Negotiable instruments
	어음. 수표법
.1	사회경제적 영역 Socioeconomic regions
.2	지역정부간 조직 Regional intergovernmental organizations
.3-.9	특별관할권 및 지역 Specific jurisdictions & areas
347-	민사소송과 법정(원) Civil procedure & courts [KDC 367]
.001-.009	표준세구분 Standard subdivisions
.009	역사, 지리, 인물취급 Historical, geographic, persons treatment
.01	법원 Courts
.012	총설 General consideration of courts
	합헌(合憲)심사, 법원관할권

347.013- 사법행정 Judicial administration(Court management)

.014- 판사 Judges

.016 기타공무원 Other officials

.017- 법률구조 Legal aid

347.02-347.04 특별관할권을 가진 법원

Courts with specific kinds of jurisdiction

347.02-347.03 일반적 관할법원

Courts with general jurisdiction

.02 1심 관할법원 Courts with general orginan jurisdiction

.03 상소법원 Appellate courts

.033 중간 상소법원 Intermediate appellate courts

.035- 상고법원 Courts of last resort(Supreme courts)

대법원

.04 특별관할법원 Courts with specialized jurisdiction

.05- 소송절차 Procedure

민사소송(법)

.05041 배임행위 소송과오 Malpractice

.051 법정규칙 Court rules

.052 명령신청, 소송제한, 당사자, 배심 재판

Motions, limitation of actions, parties to trial, jurytrial

347.053 소송종류 Kinds of actions
.055 소송양식 Forms & form books
.057 법률상비용, 수수료 Legal costs & fees
.06 증거 Evidence
.062 증거능력 Admissibility
.064 증거의 종류 Kinds of evidence
.066 증인 Witnesses
.067 감정 Expert testimony
.07- 공판, 재판 Trials
.072 공판전 절차 Pretrial procedure
.075 공판절차 Trial procedure(Courtroom procedure)
.0752 배심원 Juries
.077 판단, 판결 Judgments
.08- 상소절차 Appellate procedure
.09- 분쟁해결 Dispute resolution
중재, 조정, 화해
.1 사회 경제적 영역 Socioeconomic regions
.2 지역정부간 조직 Regional intergovernmental organizations
.3-.9 특정관할구역 및 지역 Specific jurisdictions and areas
.411 스코틀랜드사법절차 Civil procedure and courts of Scotland

347.41102 1심 관할법원 Courts with original jurisdiction

.411021 치안법원 Sheriff Court

.411023 대심원민사부 Court of Session

.411024 대심원민사부의 항소재판의 법정 Outer House of Court with appellate jurisdiction

.41103 항소관할법원 Court with appellate jurisdiction

.42 잉글랜드사법절차 Civil procedure & courts of England

.4201 법원 Courts

347.4202-347.4204 특정종류의 관할법원

347.4202-347.4203 일반적인 관할법원

Courts with general jurisdiction

.73- 미국의 민사절차와 법원 Civil procedure & courts of the United States

.731 법원 Courts

347.732-347.734 특별법원 Specific court systems

.732 연방법원 Federal courts

347.7322-347.7328 특별관할권 있는 연방법원

347.7322-347.7326 일반적관할권 있는 연방법원

.733 주법원 State courts

.734 지역법원 Local courts

347.735-.738 소송절차 Procedure

.739 중재, 조정, 화해 Arbitration, mediation, conciliation

.74-.79 미국의 특정 주와 지방의 민사절차 및 법원

Civil procedure & courts of specific states &...

348- 법령집, 법규집, 규칙, 판례집

Laws, regulations, cases [KDC 368]

.001-.003 법, 규칙, 판례의 표준세구분한다.

.004 법전화 Codification

.005 정기간행물 Serial publications

.006 조직 및 관리 Organizations & management

.00601 국제조직 International organizations

.007-008 표준세구분 Standard subdivisions

.009 역사, 지리, 인물취급 Historical, geographic, person treatment

.01 기초자료들 Preliminary materials

.02- 제정법 Laws(Statutes)

348.022-348.024 법률 Laws(Statutes)

.022 법률의 연대순배열 Laws arranged in chronological order

.023- 법전 Codes

.024 개별적 법률 Selected laws

.025 규칙 Regulations

348.026-348.028 제정법 및 규칙의 지침

Guides to laws & regulations

348.026 제정법 및 규칙의 요약

Digests of laws & regulations

.027 제정법 및 규칙의 인용 Citation to laws & regulations

.028 제정법 및 규칙의 대조표, 표, 색인

Checklists, tables, indexes of laws & regulations

.04- 판례 Cases

348.041-348.043 판결집 Reports

각 법의 판례집은 해당 주제법에 0264를 붙인다.

예: 조세법판례 343.040264

.041 국가의 판결집 National reports

.042 지역의 판결집 Regional reports

.043 주 및 지방의 판결 State & provincial reports

.044- 판결 Court decisions

.045 규제기관의 결정

Decision(Rulings) of regulatory agencies

348.046-348.048 판례의 지침

Guides to cases

.046 판례요약 Digests of cases

.047 판례인용 Citators to cases

.048 판례의 대조표, 대조표, 표, 색인

Checklists, tables, indexes of cases

348.05- 법무장관의 권고적 의견 Advisory opinions of attorneys-general(ministers of justice)

.1 사회경제적 영역 Socioeconomic regions

.2 지역정부간 조직
Regional intergovernmental organizations

.3-.9 특정관할구역 및 지역 Specific jurisdictions & areas

.73- 미국의 연방법률, 규칙, 판례
Federal laws, regulations, cases of the United States

.7304 법전편찬 Codification

.731 기초자료 Preliminary materials

.732 연방법률과 규칙 Federal laws(statutes) & regulations

.7322 연대순연방법률
Federal laws(statutes) in chronological order

.7323 미국연방 법률집 United States Code

.7324 개별적인 연방법률 Selected federal laws

.7325 연방규칙 Federal regulations

.7326 연방법률 및 규칙의 요약 Digests of federal laws & regulations

.734 연방판례 Federal cases

.74-.79 미국특정 주, 지역의 법률, 규칙, 판례들
Laws, regulations, cases of specific states & localities of the United States

349- 관할지역별, 법령집 Law of specific jurisdictions, areas, socioeconomic regions, ... [KDC 369]

.1 사회경제적 영역 Law of specific socioeconomic regions

.2 지역정부간 조직법

Law of regional intergovernmental organizations

.4-.9 현대의 특정관할구역 및 지역

Law of specific jurisdictions & areas of modern world

350- 행정학, 군사학 Public administration [KDC 350, 390]

행정학원론

행정법 → 342.06, 사법행정 → 347.013, 352.1

351- 행정학, 지역별, 국가별 Public administration [KDC 350]

.01-.09 표준세구분 Standard subdivisions

.05 정기간행물 Serial publications

.06 학회, 단체, 협회 Nongovernmental organizations

.07 교육, 연구, 관련논제 Education, research, related topics

.076 개관 및 연습문제 Review & exercise

.09 역사, 인물취급 Historical & persons treatment

.1 지역별행정 Administration in areas, regions, places...

지리구분 Table 2의 11-19와 같이 구분한다.

예: 지역개발행정론 351.1724

.3-.9 각국의 행정

지리구분 930-999와 같이 구분한다.

예: 독일의 행정 351.43

352- 행정각론, 공공행정의 일반 고려사항

General considerations of public administration [KDC 350]

일반행정의 고려사항

.1 사법행정 Jurisdictional levels of administration

*347도 보라. 법무행정 353.4

.11- 국제행정 International administration

.13 국가 및 지방행정 State & provincial administration

.14- 지방행정 Local administration

.16- 도시행정 Urban administration

.17- 농촌행정 Rural administration

.19 특수(특정)지역행정

Administration of special service districts

.2- 조직행정(관리) Organization of administration

.266- 공기업행정 Government corporations(Public enterprises)

.3 행정관리 Executive management

.33- 의사결정 Decision making

.34- 기획 및 정책형성 Planning & policy making

.36 목표관리(행정) Objectives of administration

.38- 정보관리 Information management

.4- 재무행정 및 예산 Financial administration & budgets

.44- 세무행정 Revenue administration

.48- 예산행정 Budgeting

352.6- 인사관리 Personnel management

.63- 공무원제도 Civil service system

.66- 공무원교육훈련 Utilization & training

.7 일반보조행정 Administration of general forms of control

.85 가격 및 비용통제 Price & cost controls

353- 특수(특정)행정
Specific fields of public administration [KDC 350]

.1 안전(안보)행정
Administration of external & national security affairs

.3 질서행정
Administration of services related to domestic order

.36- 경찰행정 Police services

.4- 법무행정 Administration of justice

.5- 사회복지행정 Administration of social welfare

.538- 보훈행정 Veterans

.55 주택행정 Housing

.6- 보건행정 Administration of health services

.7- 문화행정 Administration of culture & related activities

.8- 교육행정 Administration of agencies supporting & controlling education
교육지원 조정

353.9- 위생, 안전행정

Administration of safety, sanitation, waste control...

.98- 교통(운송)안전행정 Transportation safety

.99 위험물질과 재료 Hazardos products & materials

.998 의료 및 약품행정 Drugs & medicines

354- 환경 및 경제행정 Public administration of economy & environment [KDC 350]

.3- 자연자원 및 환경행정

Administration of environment & natural resources

.4- 에너지 관련 행정

Administration of energy & energy-related industries

.5- 농업행정 Administration of agriculture

.6- 건축, 제조업, 산업행정

Administration of construction, manufacturing...

.7- 상업, 통신, 교통(운송)행정 Administration of commerce, communication, transportation

.75 통신행정 Communication

.76- 교통행정 Transportations

.8- 재정, 금융행정

Administration of financial institution, money, credit

.9 노동행정 Administration of labor & professions

*355-359 군사학 Military science

355-	군사학 Military science [KDC 395]
	355.001-.009는 표준세구분한다.
	국방학, 안보관계, 국가안보론
	국방경비법 → 343.012
	국방부(한국) → 355.6
	군사공학 → 623
.1	군대생활과 풍습 Military life & customs
.13	군대규율 Conduct & rewards . discipline
	군법 → 343.014
.2	국방자원 Military resources
.223	징병 Recruiting & reserve training
.23	시민군·민방위 Civilization workers
.28	동원 Mobilization
.3	군(軍)의 조직과 인사
	Organization & personnel of miltary forces
.3434-	심리전쟁. 첩보. 정보 Psychological warfare
.348	여군 Women's units
.4-	군작전. 군사전략 Military operations . strategy
.42-	전술 Tactics
.425	유격전술. 게릴라전술 Guerrilla tactics
.426	시가지전술 Tactics in cities
.43-	핵전략 Nuclear operations . strategy

355.45 영토방어 Defense of home territory

.46 연합작전 Combined operations

.47 군사지리 Military geography

.5- 군사훈련 Military training

.6- 군사행정 Military administration

국방행정

.7- 군사시설 Military installations

.8- 군사장비 Military equipment & supplies

.81 군사보급 Clothing, food, camp equipment, ...

356- 보병, 전투 Foot forces & warfare [KDC 396]

.1 보병 Infantry

육군 → 355

.164 스키부대 Mountain & ski troops

.166 낙하산부대 Paratroops

공수부대

357- 기갑부대 및 전투 Mounted forces & warfare [KDC 396]

.1 기마(기병) Horse cavalry

.5 기계화부대 Mechanized cavalry

358- 공군 및 기타특수병력

Air & other specialized forces... [KDC 396]

.1 포병부대 Missile forces; army artillery & armored forces

.12 육군포병 Army artillery forces

358.2 공병 Army engineering & related services

.24 통신병 Communications forces(Signal forces)

.25 수송병 Transportation services

.3- 화학, 생물, 핵전쟁 Chemical, biological, radiological warface

.34 화학전쟁 Chemical warfare

.38 생물학전쟁 Biological warfare

.39- 핵전쟁 Radiation & beam warfare

.4 공군부대 Air forces & warfare

359- 해군 및 전투 Sea forces & warfare [KDC 397]

*355와 같이 세구분하시오.

예: 해군전술 전략 359.4

359.001-.009는 표준세구분한다.

360- 사회문제와 서비스 Social problems & services

사회보장론 [KDC 328, 338-339, 364]

361- 사회문제와 복지 Social problems & welfare [KDC 338]

사회사업개론

361.001-.008는 표준세구분한다.

.1 사회문제 Social problems

.2 사회행동 Social action

사회적 활동

361.3-	사회사업 Social work
.37-	자원봉사 Volunteer social work
.4	집단사회사업 Group work
.43	자립집단 Self-help groups
.6-	정부의 활동 Governmental action
	사회복지행정론 → 353.5
.61-	사회정책 Social policy
.7-	사설복지기관 Pravate action
	개인적 활동
.772	국제적십자(사) International Committe of the Red Cross:...
.8	단체복지기관 Community
	공공활동
.9	역사, 지리, 인물취급
	Historical, geographic, persons treatment
362-	사회복지문제와 서비스 Social welfare problems & services
	[KDC 338] 사회보장
.0425	재활방법 Social action. remedial measure
.1-	신체장애자복지 Physical illness
	의료복지사업 Medical welfare work
.19888	낙태, 임신중절 Abortion services
.2-	정신병환자복지사업 Mental and emotional illness...

362.29- 물질의 남용 Substance abuse

약물남용 Drug abuse

.2993 흡입 Inhalants

.2995 자극성 흥분제 Stimulants

.3 정신결손자복지사업 Mental retardation

.4- 신체불구자복지사업 People with physical disabilities

.41 맹인구호사업 Persons with blindness & visual...

맹인교육 → 371.911

.42 농아(농인)구호사업 Persons with hearing impairments ·deaf persons

청각장애자. 농아교육 → 371.912

.5- 빈민구호사업 Problems of & services to people

빈곤 → 339.46

실업보험 → 368.44

.59 집없는 실업자 Homeless & unemployed people

6- 노령자 복지사업

Problems of & services to persons in late adulthood

노인복지 Gerontology

.61 양로원 Residential care

.682 권리남용 Elder abuse

362.7-	아동 및 청소년복지 Problems of & services to young people
.734	입양, 양자 Adoption
.76	아동학대 Abused & neglected children
.77	젊은층 Specific groups of young people
.78	성전환자와 간성(間性). 젊은이 가정관계 Transgender & intersex young people...
.8	기타집단 Other groups of people
.82-	가족에대한 복지사업 Families 가족복지. 가정복지
.83	여성복지 Women
363-	기타사회문제와 서비스 Other social problems & services [KDC 338]
.1	공공안전 Public safety programs
.11	산업 및 직업안전(재해) Occupational & industrial hazards 산업재해. 산업안전
.12	교통안전 Transportation hazards
.125-	도로교통안전 Highway & urban vehicular transportation
.1799	방사선안전 Radioactive materials 원자력안전 Nuclear accidents
.192-	식품안전 Foods
.194	의료 및 약품안전 Drug & medicines

363.2	경찰서비스 Police services
.232	순찰 및 감시 Patrol and surveillance
.285	국경순찰 감시 Border patrols
.32	사회투쟁 Social conflict
.34-	재해. 재난 Disasters
.3494	쓰나미(해저지진) Tsunamis
.37-	소방. 안전 Fire hazards
	소방서. 화재예방
	소방안전공학 → 628.922 소방공학 → 628.925
.5-	주택문제 Housing
.7-	환경문제. 환경보호 Environmental problems
.72-	공중위생 Sanitation
.728	쓰레기처리문제 Wastes
.728493	하수문제 Sewage
.73-	공해. 오염 Pollutants
.738	오염물질 Pollutants
.7392	대기(공기)오염 Air pollution
.7394	수질오염 Water pollution
.74	소음공해 Noise
.8	식량배급 Food supply
.9-	인구문제 Population problems

364- 형사학 Criminology [KDC 364.4, 364.6]

범죄학

364.01-.09는 표준세구분한다.

.1 범죄. 범인 Criminal offenses

間接正犯

수사 Investigation

FBI: Federal Bureau of Investigation

국립과학수사연구소

.13 정치관련범죄 Political & related offenses

.1323- 부패. 부정부패 Corruption

.133 탈세범. 경제범 Offenses against revenue

.135 국제범죄 International offenses

.14 공공질서에 대한 범죄

Offenses against public health, safety, order

.15 생명신체에 대한 범죄 Offenses against persons

.16 재산에 대한 범죄 Offenses against property

.17 공중도덕에 대한 범죄 Offenses against public morals

.2- 범죄와 비행의 원인 Causes of crime & delinquency

.24 신체적요인 Influence of personal factors

정신적요인

심리적요인 Psychological factors

범죄병리학

364.25 사회적요인 Influence of social factors

범죄사회학

.3- 범죄심리학 Offenders. criminal psychology

.36 소년범죄 Juvenile delinquents

청소년범죄. 비행

.37 성인범죄자 Adult offenders

.4- 범죄방지 Prevention of crime & delinquency

형사정책

.6- 형벌학. 행형학 Penology

.62 집행유예 Parole & indeterminate sentence

.63- 보호관찰 Probation & suspended sentence

.65- 사면 Determination of sentence

.8 석방 Discharged offenders

.9 역사, 지리, 인물취급 Historical, geographic, persons...

예: 범죄백서(한국) 364.951

365- 행형, 형벌관계 Penal & related institutions [KDC 364.61]

.5 교도소 Prison plant

.66 죄수형사피고인 Services to prisoners

.944 감시 Surveiller

366- 사회단체 Associations [KDC 339]

367- 일반단체(사교단체) General clubs [KDC 339]

.9 역사, 지리, 인물취급 Historical, geographic, persons...

예: 라이온스클럽 367.951

368- 보험 Insurance [KDC 328]

보험산업 Insurance industry

보험경제. 보험법 → 346.086

368.001-.009는 표준세구분한다.

.01 일반원리 General principles

보험재정 Finance

.011- 보험율, 보험요율 Rates

.012 보험계약 Underwriting

.0122- 재보험 Reinsurance

단체보험론

.014 보험료배당 Claims

*368.1-368.8 보험의 종류 Specific kinds of insurance

.11 화재보험 Fire insurance

.2- 운송보험

Insurance against damage...(Transportation insurance)

.22 해상보험 Ocean marine insurance

.232- 자동차보험 Motor vehicle insurance Automobile insurance

.24 항공운송보험 Air transportation insurance

.32- 생명보험 Life insurance

368.37- 연금보험 Annuities

.3822- 의료보험 Medical & surgical insurance

.4 사회보험 Government-sponsored insurance.

social insurance

.42- 건강 및 사고보험 Health & accident insurance

.43 노년보험 Old-age survivors insurance

.44 실업보험. 고용보험 Unemployment insurance

*368.5-368.8 손해보험 Casualty insurance

.5 책임보험 Liability insurance

.572- 자동차손해보험 Motor vehicle liability insurance Automobile liability insurance

.576 항공손해보험 Aviation liability insurance

.7- 재해보험. 손해보험. 산재보험 Insurance against industrial...

.8 기타재해보험 Other casualty insurance

.81 기업손해보험 Business liability insurance

.9 각국의 보험 Insurance by specific continents...

지리구분 940-999와 같이 구분한다.

예: 영국의 보험사업 368.942

369- 기타 사회단체 Micellaneoous kinds of Associations

[KDC KDC 339]

.4 청소년단체 Young people's societies

YMCA → 267.3 YWCA → 267.5

369.43 보이스카우트 Boy Scouts

.463 걸스카우트 Girl Scouts & Girl Guides

370- 교육학 Education [KDC 370]

370.1-.9는 표준세구분한다.

.1 교육이론 Philosophy & theory, education...

교육철학. 교육원리

교육방법론 → 371.3

.112 인간교육 Humanistic education(Liberal education)

.113 직업교육 Vocational education

.15 교육심리학 Education psychology

.6 교육연구학회. 단체. 전교조 Organization

.7 교육연구. 조사 Education, research, related topics

.8 사람집단 Groups of people

.9 역사, 지리, 인물취급

Historical, geographic, persons treatment

371- 학교조직과 관리 Schools & activities;... [KDC 371-373, 379]

학교제도. 학교정책

371.001-.009는 표준세구분한다.

.05 유명한 공립학교

Public schools distinguished by source of funding, ...

.1 교원 및 수업 Teachers & teaching, & related activites

371.103　학부모와의 관계 Teacher-parent conferences

.104　학원의 지위 Academic status

.12　교사자격 Professional qualifications of teachers

.14　수업의 조직 Organization of teaching force

.19-　학교와 지역사회 Community-school relation

.2-　학교행정 및 관리 School administration;...

학교행사

.21　입학 Admission & related topics

.22　학생지원 및 협력교육 Student aid & cooperative education

.227　협력교육 Cooperative education

.23　학년 School year

.25　학생집단의 지도 Grouping students for instruction

학급경영

.26-　교육평가 Examinations & tests;...

.271　시험 Classroom & school examinations & tests

.283-　장학론 Promotion

.3-　교수법 Methods of instruction & study

학생지도

교육방법론 Methods of teaching

수업

학습심리학 → 370.15

371.32- 교과서 Use of Textbooks

.33- 교육설비, 재료 Teaching aids, equipment, materials

교육공학 Educational technology

.333 청각적 교육방법 Audio materials & equipment

교육방송(라디오)

.334- 컴퓨터이용교육 Data processing Computer science

.335- 시청각교육방법 Audiovisual & visual materials...

.3358 교육텔레비전 Television

.36 종합지도법 Project methods (Cooperative learning)

.37- 세미나식방법 Recitation & discussion . seminar

토의식방법 Descussion

.382 실험식방법 Laboratory methods

.384 야외교육 Outdoor education

수학여행 Field trips

.39 기타방법 Other methods of instruction

.391 발도파방법 Waldorf method

.392- 몬테소리교육 Montessori method

.393 행동수정방법 Behavior modification methods

.394- 개인의 교수. 교육 Individualized instruction

개인지도 Tutoring

.396 강의방법 Lecture method

.4- 생활지도 및 상담 Strudent guidance & counseling

371.42	직업교육 및 지도 Educational & vocational guidance
.425-	직업지도 Vocational guidance
	직업안내
.46-	개인상담 Personal counseling
.5	학교훈련 School discipline & related activities
.53-	賞. 표창. 보상 Rewards
.54	벌. 벌칙. 처벌. 징계 Punishment
.6-	학교건물 시설. 자재관리
	Physical plant; meterial management
.61	운동장 School grounds, sites, location
.62	학교건물 Specific kinds of buildings & rooms
.621	강의실 Instructional spaces
	연구실. 회의실
.7-	학생복지 Student welfare
	학교사회복지 School social services
.71	학교보건 Student health & topics
.712	학교간호 School nursing programs
	신체검사. 건강진단. 양호실
.716	식품서비스 Food services
	영양교육 Nutrition programs
	학교급식 School lunch programs

371.782	범죄예방 및 완화 Crime prevention & alleviation
	학교범죄 Delinquency in schools
	학교폭력 School violence
.8-	학생생활 Students
.805	학교연속간행물 Serial publications
.81	학생운동, 활동 Student movements
.83	학생조직체 Student organizations
.871	기숙사문제 Housing
.89	각종학생활동 Miscellaneous student activities
.9-	특수교육 Special education
.91	장애자교육 Students with physical disabilities
	신체적 장애
.911	맹인교육 Students with blindness & visual impairments
.912	농아교육 Students with hearing impairments
.92	정신박약아교육 Students with mental disabilities
.928	정신적지체 Students with severe mental disabilities
.94	정서장애학생 Students with emotional disturbances
	자폐학생 autistic students
.95-	천재아교육 Gifted students

372- 초등교육 Elementary education [KDC 375]

유아교육

.2 특정초등교육 Specific levels of primary education

.21 취학전교육 Preschool education & kindergarten

.216 보육원 Nursery schools

.218- 유치원 Kindergarten

*372.3-372.8 초등학교 교육과정

.35 과학기술 Science and technology

.357 자연 Nature study

.37 개인건강과 안전 Personal health & safety; social skills

.4- 국어, 독서 Reading

.5 창조 및 예술 Creative & manual arts

.52 미술 Drawing, painting, design

.55 공작, 수예, 공예 Handicrafts

.6- 언어 Language arts(Communication skills)

.64 문학 Literature appreciation

.66 연극, 학교극 Drama(Theater)

.677 구연동화, 동화구연 Storytelling

.7- 수학 Mathematics

.82 가정교육 Home economics

.83 사회생활 Social studies

.84 종교 Religion

372.87- 음악 Music

.89 역사 및 지리 History & geography

.9 각국의 초등교육사 Historical, grographic, persons...

예: 영국의 초등교육 372.942

373- 중등교육 Secondary education [KDC 376]

중·고등학교 교육

.23 특정중등교육 Specific levels of secondary education

.24 학원, 군대, 직업학교 Academic, military, vocational schools

.246 실업학교 Vocational schools

직업학교

.3-.9 각국의 중등교육사 Secondary education in specific...

예: 숙명여자고등학교 50년사 373.51

374- 성인교육 Adult education [KDC 378]

평생교육 Lifelong education

.22 집단교육 Groups in adult education

.4 통신교육기관 Distance education

.8 평생교육기관 Specific kinds of institutions

.9 각국의 사회교육사(성인교육) Historical, geographic...

예: 한국의 평생교육 374.951

375-	교육과정 Curriculums [KDC 374]
	각 급 학교를 포함하는 교과과정
	일반 및 각과 교육과정
	예: 사회생활과 교육 → 375.3
	초등학교 사회생활교육 → 372.83
[376]-	XXX
[377]-	XXX
378-	대학, 전문, 고등교육 Higher education [KDC 377]
	대학 College 대학교 University
.1	조직과 관리 Organization & activities in higher...
.1035	산업관계 Industry relations
.106	재정관리 Financial management
.11-	인사관리 Personnel management
.111	행정직 Administrators
.12-	교수단 Faculty and teaching
	교환교수
.121	학원의 지위 Academic status
.1213	학원의 자유 Academic freedom
.155-	대학원 Graduate departments & schools
.199	교육과정 Curricula
.2	학위 Academic degrees & related topics

378.3 학생지원 Student aid & related topics

.34 장학금 Scholarships

.37 협력(협동)교육 Cooperative education

산학협동

.4-.9 각국의 고등교육 Higher education in specific continents...

각 대학의 교사. 요람. 연구보고서. 논문집. 학보.

학회지. 앨범 등을 포함한다.

예: 한국의 대학교육 378.51

379- 교육공공정책 Public policy issues in education[KDC 371]

교육행정 → 353.8 학교행정 → 371.2

.1 공립교육지원 및 조정

Specific elements of supports and control...

.11 공립교육지원 Support of public education

재정지원 Financial support

.1122 취학전공교육지원 Support of public preschool education

.12122 취학전교육지원 National support of preschool education

.128 지역정부조직교육지원 Support by regional intergovernmental

.15- 교육조정 Control of public education

.154 지역정부조직교육조정

Control by regional intergovernmental organizations

.2 공립교육정책 Specific policy issues in public education

379.3 사립교육정책 Public policy issues in private education

.3222 사립교육공적지원

Public support of private preschool education

.4-.9 각국의 공공교육 Public policy in specific continents, ...

예: 한국교육발전계획 379.51

380- 상업. 무역. 통신. 교통

commerce, communications, ... [KDC 326]

380.01-.09는 표준세구분한다.

[.1] 상업(무역) → 381 Commerce(Trade)

381- 국내상업 Commerce (Trade) [KDC 326.1]

상학(商學). 상업경제

.2 도매시장 Wholesale trade

.3 상업정책 Commercial policy

.32 소비자운동 Consumer movements

.33 소비자정보 Consumer information

.34 소비자보호 Consumer protection

382- 국제무역 International commerce(Foreign trade) [KDC 326.2]

382.01-.09는 표준세구분한다.

.09 무역사 Historical, geographic, persons treatment

각국의 무역사 930-999와 같이 구분한다.

예: 일본의 무역 382.0953

.1 일반무역 General topics of international commerce

382.17 국제수지 Balance of payments

.3- 무역정책 Commercial policy

예: 미국의 무역정책 382.30973

.4- 각 생산품의 수출 Specific products & services

.41 농산물

.42 광산물

.45 2차 산업생산품

.5- 수입 Import trade

.6- 수출 Export trade

.63 수출정책 Export policy

.7 관세정책 Tariff policy

.71 자유무역 Free trade

.72 수입관세 Revenue trade

.73 보호관세 Protectionism

.78 면세 Tariff exemptions(Duty-free importation)

.9- 관세협정 Trade agreements·tariffs

무역협정·특혜관세

.91 각국의 관세협정 Multilateral agreements 382.93-382.99

.9142 유럽연합 European Union(EU)

.92 세계무역기구 World Trade Organization(WTO)

.93-.99 각국의 무역 Trade agreements by specific countries

예: 영국무역 382.941

.95 동남아시아제국연합(ASEAN)

383-	체신·우편 Postal communication [KDC 326.4]
.1	우편물 Mail handling
.2	우편업무 Economic aspects of production
.23	요금 및 비용 Rates and costs
	우표 Postage stamps
	예: 한국우표 383.23951
.4	우편조직 Post organization
.41	국제우편제도 및 협정 International systems & conventions
.49	각국의 우편제도 및 협정 Historical, geographic, persons...
	예: 영국의 우편제도 383.4942
384-	통신 Communications telecommunication [KDC 326.4-7]
	통신매체
	방송, 유·무선TV
.1	유선전신 Telegraphy
	해저전신
	유선통신공학 → 621.382
.3-	컴퓨터통신 Computer communication
.34-	전자우편 Electronic mail
.5-	무선통신 Wireless communication
	무선통신공학 → 621.384
.52	무선전신 Radiotelegraphy

384.53- 무선전화 Radiotelephony

.54 라디오방송 Radiobroadcasting

방송매체론. 방송론

.55- 텔레비전방송 Television

텔레비전공학 → 621.388

.5546 유선텔레비전방송

Community antenna Television(CATV) systems

.555 유선전화 Telephony

전신전화공학 → 621.385

385- 철도운송 Railroad transportation [KDC 326.34]

.5 협궤 및 특수한 철도 Narrow-gage & special-purpose...

모노레일 Monorail

.6 경사 및 산악철도 Inclined & mountain railroad...

케이블철도 Cable

386- 내륙수로운송

Inland waterway & ferry transportation [KDC 326.35]

.3 하천운송 River transportation

.4 운하운송 Canal transportation

.5 호수운송 Lake transportation

.6 페리운송 Ferry transportation

387- 해양, 항공, 우주운송 Water, air, space transportation

해운경제론·해운론 [KDC 326.36-38]

.1 항구 Ports 항만 Seaports

.2 선박 Ships

.5 해상운송 Ocean transportation(Marine)

.55 해난구조 Salvage

.7 항공운송 Air transportation

.736 공항 Airports

388- 교통, 운송 Transportation [KDC 326.3]

육로운송 Ground transportation

.1 도로 Roads

고속도로 Highways

.3 자동차운송 Vehicular transportation

.312 고속도로교통정리 Highway services traffic control

교통경찰 → 363.2332

.4 지방교통 Local transportation

도시교통 Urban transportation

.428 지하철도 Underground systems(Subwas systems)

389- 도량형학, 표준화 Metrology & standardization [KDC 420.71]

.1 도량형학 Metrology

.15 측정체계 System of measurement

.16 미터법 Adoption of metric system

.17 시간체계와 표준 Time system & standards

.6 표준화 Standardization

표준규격

390- 풍속, 예절, 민속학 Customs, etiquette, folklore [KDC 380]

.01-.09는 표준세구분한다.

.09 풍속사 Historical, grographical, persons...

391- 복장(의복)풍습 Costume & personal appearance

복식(服飾) [KDC 381]

.009 복식사 Historical, geographic, persons...

.1 남성복 Costumes of men

.2 여성복 Costumes of women

.3 아동복 Costumes of children

.4 장식구 kinds of garments;...

.5 머리형태 Hairstyles

.6 개인적 외형 Personal appearance

.7 보석류, 보석장식 Jewelry

.72 손가락. 반지. 귀고리 Finger rings

392-	생활풍습 Customs of life cycle & domestic life [KDC 382-384]
.12	출생풍습 Birth customs
.3	가정생활풍습·주거 Customs relating to dwelling places...
.4	구애풍습·연애·약혼 Courtship & engagement customs
.5	결혼풍습 Wedding & marriage customs
.6	성생활풍습 Customs of relations
393-	장례풍습 Death customs [KDC 384.6]
.1	묘지·매장·장례식 Burial
.2	화장 Cremation
.3	미이라 Embalming
.4	장례풍속 Exposure
.9	제사풍속, 喪, 애도 Mourning
.93	장례식 Funerals
394-	일반풍속 General customs [KDC 381-383]
.1	음식풍속 Eating, drinking; using drugs
.2	특정한날·축제 Special occasions
.25	카니발 Carnivals
.26	휴일 Holiday 크리스마스·연중행사
.269	국경일 Historical, geographic, persons treatment 기념일 각국의 기념일 930-999와 같이 구분한다. 예: 한국세시풍속 394.26951

394.3	오락풍속 Recreational customs
.6	장날 Fairs
395-	예법·예절 Etiquette(Manners) [KDC 385]
.2	관혼상제 Etiquette for stages in life cycle
.22	혼례법 Engagements & weddings
.23	장례법 Funerals
.3	사회적 특수한날 Etiquette for social occasions
	손님접대예법 Hospitality
.52	직장예절 Business & office etiquette
[396-397]	xxx
398-	민속학, 민간전승 Folklore [KDC 388]
	민간전승(民間傳承)
.09	민속사 Historical, geographic, persons treatment...
	각국의 민속 930-999와 같이 구분한다.
	예: 한국민속 398.0951
.2	민속문학 Folk literature
	민화, 설화, 전설, 신화
.21	민간전설 Tales & lore of paranatural bings...
	설화문학·구비문학·고사(故事)
.3	자연현상 Real phenomena as subjects of folklore
.41	민간신앙 Folk beliefs
	미신·무속(迷信·巫俗) Superstitions

.6 수수께끼 Riddles

.9 속담 Proverbs

399- 전쟁, 외교관습 Customs of war & diplomacy [KDC 387]

400 언어

*400-	**언 어(言 語) Language (원표 401의 변경)** [KDC 700]
.1	철학 및 이론 Philosophy & theory
.13	국제언어 International languages
.14	언어와 커뮤니케이션 Language & communication
.141	담화분석 Discourse analysis
	기호론 semiotics·화용론 Pragmatics
.143	의미론 Semantics
.15	과학적 원리 Scientific principles
.151	수학적 원리 Mathematical principles
.19	심리학적 원리 Psychological principles
	언어심리학 Psycholinguistics
.193	언어습득 Language acquisition
*401-	언어학 Linguistics (원표 410-415, 417-419의 변경)
	동양관계세분전개 [KDC 701]
.01-.09	언어학의 일반형식구분
.1	문자학 Writing systems of standard forms of...
.15	생략어, 두문자어, 상징어사전 Dictionaries of abbreviations, acronyms, symbols
.17	그림사전 Picture dictionaries
.188	신체언어 Corpus linguistics

401.2	어원학 Etymology of standard forms of...
.3	사전 Dictionaries of standard forms of...
	수개 국어사전(數個 國語辭典) Polyglot dictionary
.3028	사전편찬(법) Techniques, procedures, apparatus, ... lexicography
.4	음성학·음운론 Phonology & phonetics of...
.45	실용주의 Pragmatics
.46	초분절 특징 Suprasegmental features
	연결 juncture, 억양 intonation, 강세 stress
.47	특정 목적 언어 Languages for special purposes
.48	음성학 Phonetics
.5	문법 Grammar of standard forms languages
	어형론·구문론·언어형태학
.7	방언학 및 통시언어학 Dialectology & historical linguistics
.72	방언학 Dialectology
.77	통시언어학 Historical linguistics (Diachronic linguistics)
.8	표준어법 Standard usage(Prescriptive linguistics)
	응용언어학 Applied linguistics
.802	번역 및 통역 Translating & interpreting
.807	다수언어숙어 Multilingual phrase books
.84	읽기 Reading

401.9 기호언어 Sign languages

수화법, 지화문자(指話文字)를 포함한다.

.95 인지언어 Speech perception

402- 개요·편람 Miscellany [KDC 702]

403- 사전 Dictionaries, encyclopedias, ... [KDC 703]

404- 어학의 특별한 주제 Special topics, ... [KDC 700]

.2 이중언어학(二重言語學) Bilingualism

405- 정기간행물 Serial publications [KDC 705]

406- 조직 및 경영 Organization & management [KDC 706]

407- 교육, 연구, 관련주제 Education, research, related topics [KDC 707]

408- 인물과 관련된 언어 Groups of people [KDC 700]

409- 지리 및 인물관련 Geographic and persons treatment

*410- 동양 제 국어 Oriental language (원표 495의 변경) [KDC 710-730]

*411- 한국어 Korean language (KDC 710)

.1 음운·음성·문자

.11 음운론·음성학·발음

.12 한글(훈민정음)

.121 국어순화

.127 외국어표기법(외래어표기법)

.13 철자법·맞춤법·국어표기

411.14 이두(吏讀)표기 411.9도 보라.

.15 한자발음(漢字發音). 한자교습서

.157 인명용한자. 상용한자. 약자

.16 한자제한(漢字制限). 한자폐지론

.18 로마자표기법

.2 어원(語源)학. 어의(語意). 의미(意味)

국어의미론

.3 사전. 한글사정. 국어사전. 조선어사전

.31-39 2개국어사전 두 언어 중 후자언어를 기준으로 한다.

411.3에 T6(DDC 23. -1-9)를 더하여 분류한다.

예: 일한사전, 한일사전 413.311 한영사전, 영한사전 423.11

한한자전(漢韓字典) 412.311에 분류한다.

.4 어휘(語彙) Vocabularies

.43 기본어. 기초어

.44 숙어. 고사성어. 반의어

.45 유의어. 동의어. 반의어

.46 동음이의어

.47 신어(新語). 외래어

.48 아동어

.49 은어. 비어. 속어. 계급어. 직업어

.5 문법

.52 문장법

411.55 명사. 대명사. 수사. 형용사. 관형사

.56 동사

.57 부사. 조사. 감탄사

.59 형태론. 단어형성. 어형변화를 포함한다.

.7 방언(사투리) Dialect

각 지방의 방언 411.7에 T2 지역구분한다.

예: 제주도방언 411.799

.8 한국어 표준용법(규정언어학)

.802 번역·통역

.81 단어·철자·발음

.82 응용언어학(규범언어학)

.83 회화

.84 읽기. 독본. 해석 Reading

.9 한국어 고어(古語)

.91 이두(표기) 4112.14도 보라.

.92 고어(훈민정음) 제정~조선시대

*412- 중국어 Chinese language (KDC 720)

.1 음운. 음성. 문자

.11 음운론. 음성학. 사성(四聲). 발음

.12 한자(漢字). 설문해자(說文解字)

.121 번자체

.122 간자체(簡字体) (體) 간체자

412.18 로마자 표기법

.2 어원학. 어의. 의미

.3 사전

.31-39 2개 국어사전 412.3에 T6(DDC 23. -1-9를 더하여 분류한다.

예: 중한사전(中韓辭典) 412.311

중화사전(中和辭典) 412.313

한화사전(漢和辭典) 413.312

중영사전(中英辭典) 423.12

.4 어휘(語彙) Vocabularies

.43 기본어. 기초어

.44 숙어. 고사성어. 관용어

.45 유의어. 동의어. 반의어

.46 동음이의어

.47 신어(新語). 외래어

.48 아동어

.49 은어. 비어. 속어. 계급어. 직업어

.5 문법

.52 문장법

.55 명사. 대사(대명사). 수사. 형용사. 양사

.56 동사

.57 부사. 개사(전치사). 조사. 감탄사. 연사(접속사)

.59 형태론. 단어형성. 어형변화를 포함한다.

412.7 방언(사투리) Dialect

각 지방의 방언 412.7에 T2 지역구분한다.

예: 광동방언 412.733

.8 중국어 표준용법(규정언어학)

.802 번역. 통역

.81 단어. 발음. 철자

.82 문법·어휘 412.5도 보라.

.83 회화

.84 암기. 독본. 해석

*413- 일본어 Japanese language (KDC 730)

.1 음운. 음성. 문자

.11 음운론. 음성학. 발음

.12 한자(漢字)

.125 훈점(훈독)

.127 상용한자. 당용한자. 약자

.13 가나(假名)문자

히라가나. 가타카나. 변체가나를 포함한다.

.137 외국어. 외래어 가나표기법

.14 신대문자(神代文字)·만요(萬葉)가나

[.15] 한자발음 사용하지 않는다. 413.125에 분류한다.

.16 한자폐지론. 한자제한론

.17 구두점(훈점(訓點)·구독(句讀)

413.18	로마자표기법
.2	어원학·어의·의미
.3	사전
.31-39	2개 국어사전 두 언어 중 후자언어를 기준으로 한다. 413.3에 T6(DDC 23. -1-9)를 더하여 분류한다. 예: 한일사전, 일한사전 413.311
.4	어휘(語彙)
.43	기본어. 기초어
.44	숙어. 고사성어. 관용어
.45	유의어. 동의어. 반의어
.46	동음이의어
.47	신어(新語). 외래어
.48	아동어
.49	은어. 비어. 숙어. 계급어. 직업어
.5	문법
.55	명사. 대명사. 형용사(형용동사 포함). 연체사
.56	동사. 조동사
.57	부사. 조사. 접속사. 감동사
.59	형태론. 단어형식. 어형변화를 포함한다.
.7	방언 Dialect 각 지방의 방언 413.7에 T2 지역구분한다. 예: 규슈(九州)방언 413.798

413.8 일본어 표준용법(규정언어학)

.802 번역. 통역

.81 단어. 철자. 발음

.82 문법 813.5도 보라.

.83 회화

.84 암기. 독본. 해석

.9 아이누어

*414- 인도어 Indian language (KDC 792.5)

*414-419는 491-492와 비교 선택한다.

.2 고대인도어 및 산스크리트어

.3 프라크리트어·팔리어

.4 현대인도어

.5 이란어

.54 아르메니아어

.55 현대페르시아어

*415- 티베트·오스트로-아시아어 (KDC 739)

*499와 비교 선택한다.

.4 미얀마(버마).티베트어 Tibetan-Myanmar

.5 히말라야어

.8 버마어

.91 태국어 Thailand

.95 문다어

*416-	퉁구스·몽고·터키어·알타이어(KDC 739)
	*494와 비교 선택한다.
.1	퉁구스어 Tungusic·만주어 Manchu
.2	몽고어 Mongolic
.3	터키어 Turkic
*417-	세마이트어, 셈족어 Semitic language (KDC 797)
	*492와 비교 선택한다.
.1	애럼어
.19	앗시리아어·바빌로니아어
.2	캘디아어
.3	시리아어
.4	히브류어
.5	사마리아어
.6	페니키아·포에니·카르타고어
.7	아라비아어
.8	이디오피아어
.9	히먀라이트어
*418-	XXX
*419-	기타아시아어

420- 영어 및 고대영어 English & Old English (Anglo-Saxon) [KDC 740]

.76 영어문제집

.9 영어사(英語史)

421- 문자체계, 음운론 Writing system, phonology [KDC 741]

.52 철자 및 발음 Spelling(Orthography) & pronunciation

.54 미국표준철자 및 발음 Standard American(U.S) spelling & pronunciation

.55 영어표준철자 및 발음 Standard British spelling & pronunciation

422- 어원 English Etymoloy [KDC 742]

영어의미론

423- 영어사전 English dictionaries [KDC 743]

.1 숙어사전

관용어사전

.11 영한사전(英韓辭典)

.13 영화사전(英和辭典)

425- 영어문법 English grammar [KDC 745]

.1 어형론, 형태론 Morphology

.2 구문론, 통사론 Syntax

427- 방언·속어 English language variations [KDC 748]

.02 중세영어 Middle English, 1100-1500

.09 현대속어 Modern nongeographic variations

.942 영국방언 Geographic variations in England & Wales

428- 영어 표준용법 Standard English usage [KDC 744, 746-747]

.1 발음 Pronunciation

.2 문법 Grammar

.24 외국인을 위한 영어

.3 단어의 사용 Use of words

.34 영어회화 Conversation

.5 초급독본 Elementary readers

.64 모국어가 영어가 아닌 자를 위한 독본

429- 고대영어 Old English (Anglo-Saxon) [KDC 749]

앵글로색슨어 Anglo-Saxon

430- 독일어 German related languages [KDC 750]

431- 문자체계, 음운론 Writing systems, phonology [KDC 751]

432- 독일어어원 German etymology [KDC 752]

433- 독일어 사전 German dictionaries [KDC 753]

435- 독일어 문법 German grammar [KDC 755]

437- 독일어 방언, 속어 German language variations [KDC 758]

.943 독일방언 German variations

.9436 오스트리아방언 Austria variations

438- 독일어 표준용법 Standard German usage[KDC 754, 756-757]

439- 기타 게르만어 Other Germanic languages [KDC 759]

.3 네덜란드어 Netherlandish languages [KDC 759]

.5 스칸디나비아어 North Germanic languages...

.7 스웨덴어 Swedish

.779485 스웨덴방언 Geographic variations in Sweden

.81 덴마크어 Danish

.8179489 덴마크·핀란드방언 Geographic variations in Denmark & Finland

.82 노르웨이어 Norwegian

.8279481 노르웨이방언 Geographic variations in Norway

440- 프랑스어 French & related languages [KDC 760]

441- 문자체계, 음운론 Writing systems, phonology[KDC 761]

442- 프랑스어 어원 French etymology [KDC 761]

443- 프랑스어사전 Dictionaries [KDC 763]

*독어·프랑스어사전 443.31

445- 프랑스어문법 French grammar [KDC 765]

447- 방언, 속어 French language variations [KDC 768].

.944 프랑스·모나코방언 France & Monaco

448- 프랑스어 표준용법 Standard French usage... [KDC 764, 766-767]

449- 오시탄, 카탈로니아어 Occitan & Catalan [KDC 769]

.9 카탈로니아어 Catalan

450-	이탈리아어, 루마니아어 어원 Italian, Romanian... [KDC 780]
451-	문자체계, 음운론 Writing system phonetics [KDC 781]
452-	이탈리아어 어원 Italian etymology [KDC 782]
453-	이탈리아어 사전 Italian dictionaries [KDC 783]
455-	이탈리아어 문법 Italian grammar [KDC 785]
457-	방언, 속어 Italian language variations [KDC 788]
.9	이탈리아어 방언 Italian variations
458-	이탈리아어 표준용법 Standard Italian usage [KDC 784, 786-787]
459-	루마니아어 Romanian & related... [KDC 789]
.9	라틴어 Rhaetian languages; Sardinian, Corsican
460-	스페인어, 포르투갈어 Spenish & Portuguese languages [KDC 770]
461-	문자체계, 음운론 Writing systems... [KDC 771]
462-	스페인어 어원 Spanish etymology [KDC 772]
463-	스페인어 사전 Spanish dictionaries [KDC 773] *영어·스페인어사전 463.21
465-	스페인어 문법 Spanish grammar [KDC 775]
467-	방언, 속어 Spanish language variations [KDC 778]
.946	스페인어방언 Spanish variations
468-	스페인어 표준용법 Standard Spanish usage [KDC 774, 776-777]

469- 포르투갈어 Portuguese [KDC 779]

.79 포르투갈어방언 Portuguese Variations

.9 갈리시아어 Galician

470- 라틴어, 고대이탈리아어 Latin & related Italic... [KDC 792.2]

471- 문자체계, 음운론 Latin writing & phonology [KDC 792.2]

472- 라틴어 어원 Latin etymology [KDC 792.2]

473- 라틴어 사전 Latin dictionaries [KDC 792.2]

475- 라틴어 문법 Classical Latin grammar [KDC 792.2]

477- 고어, 고전, 속어 Old, postclassical, Vulgar Latin [KDC 792.2]

478- 라틴어 표준용법 Classical Latin usage... [KDC 792.2]

479- 기타 라틴어계 Other Italic languages [KDC 792.2]

480- 고대그리스어 Classical Greek & related... [KDC 792.1]

481- 그리스어 문자체계, 음운론 Classical Greek writing [KDC 792.1]

482- 그리스어 어원 Greek etymology [KDC 792.1]

483- 그리스어 사전 Greek dictionaries [KDC 792.1]

485- 그리스어 문법 Greek grammar [KDC 792.1]

487- 고대이전, 이후 그리스어 Preclassical & postclassical [KDC 792.1]

488- 고대그리스어 표준용법 Classical Greek usage [KDC 792.1]

489- 기타 그리스어, 현대그리스어 Other Hellenic languages [KDC 792.1]

.3 근대 그리스어 Modern Greek

490- 기타 언어 Other languages [KDC 710-730, 790]

491- 東 인도-유럽계어 East Indo-European & celtic languages [KDC 792]

.1 인도-이란어 Indo-Iranian languages

.489 스리랑카어 Divehi(Maldivian)

.492 인도-아리안어 languages of east central zone of Indo-Aryan languages (Eastern Hindi languages)

.496 파하리어 Pahari languages

.5 이란어 Iranian languages

.6 켈트어 Celtic languages

.7 러시아어 East Slavic languages Russian

*러시아어사전 491.73

.81 불가리아어 South Slavic languages Bulgarian

.83 크로아티아·보스니아어 Croatian & Bosnian

.85 폴란드어 West Slavic languages Polish

.86 체코어 Czech

.991 알바니아어 Albanian

492- 아시아-아프리카어 Afro-Asiatic languages [KDC 797]

*417 참조

.3 시리아어 Eastern Aramaic languages Syriac

.4 히브리어 Hebrew

.7 아라비아어 Arabic and Maltese

492.8	이디오피아어 Ethiopian languages
493-	비셈족어 Non-Semitic Afro-Asiatic languages [KDC 798]
.1	이집트어 Egyptian
494-	우랄, 알타이어 Altaic, Uralic, Hyperborean, Dravidian *416참조 [KDC 739.4]
495-	XXX → *410 동양관계세분전개를 보시오. [KDC 710-730]
496-	아프리카제국어 African languages [KDC 7932]
497-	북아메리카 원주민(인디안)어 North American native languages [KDC 794]
498-	남아메리카 원주민(인디안)어 South American native languages [KDC 795]
499-	오스트로네시아어 Non-Austronesian languages [KDC 796]
.221	인도네시아어 Indonesian
.28	말레이시아어 Malaysia
.992	에스페란토어 Esperanto

500 자연과학 및 수학

500- **자연과학 Natural sciences & mathematics**

자연과학 [KDC 400]

501- 철학 및 이론 Philosophy & theory [KDC 401]

과학철학

502- 편람·핸드북 Miscellany [KDC 402]

503- 사전 Dictionaries, encyclopedias... [KDC 403]

영한과학사전(英韓科學辭典)·이화학사전(理化學辭典)

505- 정기간행물 Serial publications [KDC 405]

506- 조직과 경영 Organization & management [KDC 406]

507- 교육, 연구, 관련주제 Education, research, related... [KDC 407]

508- 자연사, 박물학 Natural history [KDC 409]

509- 역사, 지리, 전기 History, geographics, ... [KDC 409]

510- 수학 Mathematics [KDC 410]

수학개론·수학통론

.1 철학 및 이론 Philosophy & theory

511- 일반수학원리 General principles of mathematics [KDC 410]

.1 이산수학 Discrete mathematics

.3 수학논리·수리논리 Mathematical logic(Symbolic logic)

.314 논리모델 Modal logic

.317 논리조건 Conditional logic

511.318 개연성논리 Probabilistic logic

.322 집합론 Set theory

.5 그래프이론 Graph theory

512- 대수학 Algebra [KDC 412]

.2 군론·군집 Groups & group theory

.5 선형대수학 Linear algebra

.7 정수론, 수론 Numer theory

.94 방정식이론 Theory of equation

.9434 행렬대수 Matrix Algebra for statistics

513- 산수. 산술 Arithmetic [KDC 411]

.2 四則 Arithmetic operations

[.4] 산수 및 기하학 수열 → 515.24 Arithmetic & geometric progressions

.5 기호·기수법 Numeration systems

514- 위상수학 Topology [KDC 410.07]

.2 위상대수학 Algebraic topology

.3 위상공간 Topology of spaces

.7 위상해석 Analytic topology

515- 해석수학 Analysis [KDC 414]

.15 미분 및 해석기하학 Calculus & analytic geometry

.3 미분학 및 미분방정식 Differential calculus & equations

.33 미분학 Differential calculus

515.35	미분방정식 Differential calculus
.4	적분학 및 적분방정식 Integral calculus & equations
.43	적분학 Integral calculus
.45	적분방정식 Integral equations
.5	특정한 함수 Special functions
.6	기타해석방법 Other analytic methods
.64	변분학(변동) Calculus of variations
.7	함수해석 Functional analysis
.8	실변수함수론 Functional of real variables
.9	복소수함수론 Functional of complex variables
516-	기하학 Geometry [KDC 415]
.1	일반기하학 Geometry
.183	선형기하학 Line geometry
.2	유클리드기하학 Euclidean geometry
.3	해석기하학 Analytic geometries
.35	대수기하학 Algebraic geometry
	복소수기하학
.36	미분 및 적분기하학 Differential & integral geometry
.362	적분기하학 Integral geometry
.4	아핀기하학 Affine geometry
.5	사영(射影)기하학 Projective geometry

516.6 화법(畵法)기하학 Abstract descriptive geometry

.9 비유클리드기하학 Non-Euclidean geometries

[517]- XXX

518- 수치해석 Numerical analysis [KDC 414]

519- 확률론·응용수학 Probabilities & applied mathematics

.2 확률론 Probabilities [KDC 413]

.3 게임이론 Game theory

[.4] 응용수치해석(분석) → 518 Applied numerical analysis

.5 수리통계학 Statistical mathematics

비모수통계학 Nonparametric

.52 표본추출이론 Theory of sampling

.535 다변량분석 Multivariate analysis

구조방정식

.536 회귀분석 Regression analysis

.55 단변량분석 Time-series analysis

시계열분석

.7 실험계획법 Programming

.72 선형계획법 Linear programming

520- 천문학 Astronomy & allied sciences [KDC 440]

*521-525 천문학 Astronomy

521- 천체역학 Celestial mechanics [KDC 441]

.1 중력·인력 Gravitation

522-	천문기법, 절차, 장치 Techniques, procedures, apparatus, ...
	실용천문학 [KDC 442]
.1	천문대·관측소 Observatories
.2	천체망원경 Astronomical instruments Telescopes
.6	관측소·관측방법 Special methods of observation
.7	구면천문학(球面天文學) Spherical astronomy
523-	특정천체와 현상 Specific celestial bodies & phenomena
	[KDC 443]
.01	우주물리학 Astrophysics
	천체물리학
.1	우주론 The universe, galaxies, quasars
.2	태양계 Planetary system. solar system
.3	달 Moon
.4	혹성 Planets of solar
.51	유성 Meteors
.6	혜성 Comets
.7	태양 Sun
.8	항성 Stars
.9	위성, 인공위성 Satellites & rings;...
[524]	xxx

525- 지구, 천문지리학 Earth(Astronomical geography) [KDC 445]

천문지리

.3 지구의 궤도 및 운동 Orbit & motions

526- 수리지리학 Mathematical geography [KDC 446]

지형도·지도제작 Cartogrephy

.1 측지학 Geodetic surveying

.3 측지측량 Geodetic surveying

.9 측량학·지적학 Surveying·Land surveying

.982 사진측량 Photrgrmmetry

527- 천문항해학 Celestial navigation [KDC 447]

528- 천체력, 천문력, 항해력 Ephemerides [KDC 448]

529- 역법·연대학 Chronology [KDC 448]

.3 역법 Calendars

역서

.7 천문측시법(天文測時法) Horology

530- 물리학 Physics [KDC 420]

.01-.09 표준세구분한다.

.1 이론 및 수리물리학 Theories & mathematical physics

.11 상대성이론(相對性理論) Relativity theory

.12 양자역학 Quantum mechanics(Quantum theory)

양자론

.124 파동역학 Wave mechanics

530.13	통계역학 Wave mechanics
.133	양자통계학 Quantum statistics
.15	수리물리학 Mathematical physics
	물리수학
.4	물질의 상태 States of matter
.41	고체물리학 Solid-state physics
.42	액체물리학 Liquid-state physics
.43	기체물리학 Gaseous-state physics
.7	기계, 기구사용 Instrumentation
.8	물리측정 Measurement
531-	고전역학, 고체역학 Classical mechanics [KDC 421]
	일반역학 Mechanics
.11	동역학 Dynamics
.112	운동학 Kinematics
.113	운동역학 Kinetics
.12	정역학 Statics
.2	고체정역학 Solid statics
.3	고체동역학 Solid dynamics
.382	탄성 Elasticity
.385	소성·가소성·유연성 Plasticity
.6	에너지 Energy
.62	에너지보존 Conservation of energy

532- 유체역학 Fluid mechanics Liquid mechanics [KDC 422]

.2 유체정역학 Hydrostatics

.5 유체동역학 Hydrodynamics

533- 기체역학 Pneumatics(Gas mechanics) [KDC 423]

.2 기체동역학 Dynamics

기체운동학 Kinematics

.5 진공 Vacuums

.6 공기역학 Aeromechanics

534- 음향학, 진동학 Sound & related vibrations [KDC 424]

535- 광학 Light & related radiation [KDC 425]

.1 이론광학 Theories

.13 파동역학 Mechanical wave theory

.2 물리광학 Physical optics

.32 기하광학 Geomatrical optics

.4 분광 Dispersion of light

.843 분광학 Light spectroscopy

536- 열역학 Heat [KDC 426]

.1 열역학이론 Theories

.2 열전달 Heat transfer

536.5 온도 Temperature

.52 고온측정법 Measurement of high temperatures(Pyrometry)

.56 저온학 Cryogenics and low temperatures

.57 고온학 High temperatures

.7 열역학 Thermodynamics → 536.1

공업열역학 → 621.4021

.73 엔트로피 Entropy

537- 전기, 전자학 Electricity & electronics [KDC 427]

전기공학 → 621.3

전자공학 → 621.381

.1 전기자기학 Theories

.2 정전학(靜電學) Electrostatics

.5 전자학 Electronics

.6 전기역학 Electrodynamics

[.67] 양자전기역학 → 530.1433 Quantum electrodynamics

538- 자기학(磁氣學) Magnetism [KDC 428]

.3 자기특성과 현상 Magnetic properties & phenomena

.4 자기물질과 특성 Magnetic substances & their...

.6 전자유체역학 Magnetohydrodynamics

.7 지자기(地磁氣)관련현상 Geomagnetism & related phenomena

539-	현대물리학 Modern physics [KDC 429]
.1	물성론, 물질 Structure of matter
.12	분자론 Molecular structure
.14	원자론 Atomic structure
.6	분자물리학 Molecular physics
.7	원자 및 핵물리학 Atomic & nuclear physics
.72	입자물리학 Particle physics; ionizing radiation
.73	입자가속도 Particle acceleration
.74	핵구조 Nuclear structure
.76	고에너지물리학 High-energy physics
540-	화학 Chemistry & science [KDC 430, 460] *화학공학 660
541-	물리화학 Physical chemistry [KDC 431]
.2	이론화학 Theoretical chemistry
.22	분자론 Molecular structure
.24	원자론 Atomic structure
.33	표면화학 Surface chemistry
	흡착화학 Adsorption chemistry
.34	용해화학 Solution chemistry
.35	광화학(光化學) Photochemistry
.36	열화학 Thermochemistry
.369	화학열역학 Thermodynamics

541.37 전기화학 Electrochemistry & magnetochemistry

전자화학

.372 전해화학(電解化學) Electrolytic solution

.38 방사선화학 Radiochemistry

핵화학 Nuclear chemistry

.39 화학반응 Chemical reactions

.395 촉매 Catalysis

.7 분광활동 Optical activity

542- 화학기법, 절차, 장치 Techniques, procedures apparatus...

화학실험학, 화학실험법 [KDC 442]

.1 화학실험실 Laboratories

.2 화학실험장치 Containers & accessory equipment

.3 화학측정 Testing & measuring

543- 분석화학 Analytical chemistry [KDC 433]

.0284 재료. 시약(試藥) Materials. reagents

.1 일반분석화학 Generaltopics in analytical chemistry

.19 기기분석 Instrumentation

.22 미량화학 Microchemistry(Microanalysis)

.24 용량분석 Volumetric analysis

543.4	전기화학분석 Electrochemical analysis
.5	분광분석 Optical spectroscopy(spectrum analysis)
.59	광학방법 OPtical methods
.6	비분광분석 Nonoptical spectroscopy
.63	방사선화학분석 Radiochemical analysis
.8	채색·착색분석 Chromatography
.85	가스채색·착색분석 Gas chromatography
[544]-	定性分析 → 543.1 Qualitative analysis
	定性分析化學 → 543.1
[545]-	정량분석 → 543.1 Quantitative analysis
	정량분석화학 → 543.1
546-	무기화학(無機化學) Inorganic chemistry [KDC 435]
.2	수소와 화합물 Hydrogen & its compounds
.3	금속과 화합물, 혼합물 Metals, metallic compounds, alloys
.8	원소주기율(표) Periodic law & table
547-	유기화학 Organlc chemistry [KDC 437]
.1	유기물리화학 Physical & theoretical chemistry
.2	유기화학반응 Organic chemical reactions
	유기화합물
.29	발효학 Fermentation
	발효화학

547[.3] 유기분석화학 → 543.17 Analytical organic chemistry

유기정성분석 → 543.1 Qualitative analysis

유기정량분석 → 543.1 Quantitative analysis

.4 지방성화합물 Aliphatic compounds

.5 순환화합물 Cyclic compounds

.6 방향성화합물 Aromatic compounds

.7 고분자관련 화합물 Macromolecules & related compounds

[.75] 단백질 → 547.7 Proteins

[.758] 효소 → 547.7 Enzymes

.84 고분자화학 High polymers

합성수지·플라스틱(Plastics) → 668.4

.86 염료화학 Dyes & pigments

.869 그림물감·안료 Pigments

548- 결정학(結晶學) Crystallography [KDC 469]

.3 결정화학(結晶化學) Chemical crystallography

.7 수리결정학(數理結晶學) Mathematical crystallography

.8 결정물리학(結晶物理學) Physical & structural crystallography

.842 스트레스, 변형, 강도력

Stresses, deformation, strength properties

전위론 Dislocation

.9 광결정학 Optical crystallography

549- 광물학 Mineralogy [KDC 460]

.1 결정광물학 Determinative mineralogy

.12 광물물리학 Physical mineralogy

.13 광물과학 Chemical mineralogy

.2 천연성분 Native elements

.4 할로겐화물 Halides

.5 산화물 Oxides

.6 규산염 Silicates

.9 광물관련 지리 구분 Geographic treatment minerals

550- 지구과학 Earth sciences [KDC 450]

551- 지질학, 수문학, 기상학 Geology, hydrology, meteorology
수문학 [KDC 451-456]

.1 지구의 내부구조 Gross structure properties...

.21 화산학 Volcanoes

.22 지진학 Earthquakes·seismology

.23 온천 Thermal waters & gases·hot springs

.4 지형도 Geomorphology & hydrosphere
지구의 水理

.46 해양학 Hydrosphere & submarine geology
Oceanography

551.468	해저지질학 Submarine geology
	해양지질학
.462	해양순환 Ocean Circulation
[.47]	해양역학 → 551.462 Dynamic oeceanography
.48	수문학(水文學), 수문수계학(水文水界學) Hydrology
.49	지하수 Groundwater(Subsurface water)
.5	기상학 Mateorology
.6	기후학 Climatology & weather
.7	지사학(地史學) Historical geology
.8	구조지질학 Structural geology
.9	지구과학 Geochemistry
552-	암석학 Petrology [KDC 459]
.1	화성암 Igneous rocks
.2	화산암 Volcanic rocks
.3	심성암 Plutonic rocks
.4	변성암 Metamorphic rocks
.5	미시적 암석학 Microscopic petrology
553-	경제지질학 Economic geology [KDC 458]
.21	탄전지질학 Peat, peat coal
.28	석유지질학, 천연가스 Oil, oil shales, tar, sands, natural gas

554- 유럽 지질학 Earth sciences of Europe [KDC 450.92]

555- 아시아 지질학 Earth sciences of Asia [KDC 450.91]

556- 아프리카 지질학 Earth sciences of Africa [KDC 450.93]

557- 북아메리카 지질학 Earth sciences of North America [KDC 450.94]

558- 남아메리카 지질학 Earth sciences of South America [KDC 450.95]

559- 기타지역 지질학 Earth sciences of other parts... [KDC 450.96-97]

560- 고(古)생물학 Paleonotology Paleozoology [KDC 457]

.9 고생물지리학 Historical, geographic, persons...

561- 고식물학 Paleogotany; fossil microorganisms [KDC 457.1]

*562-569 고동물학 Paleozoology

562- 고무척추동물학 Fossil invertebrates [KDC 457.22]

563- 고해양동물 Fossil marine... [KDC 457.23]

564- 고연체동물 Fossil Mollusca & molluscoidea [KDC 457.24]

고의연체동물 Molluseoidea

565- 고절지동물 Fossil Arthropoda [KDC 457.25]

566- 고척추동물학 Fossil Chordata [KDC 457.26]

567- 고어류, 냉혈척추동물 Fossil cold-blooded vertebrates Fossil [KDC 457.27]

568- 고조류(새) Fossi Aves(birds) [KDC 457.28]

569- 고포유류동물 Fossil Mammalia [KDC 457.29]

570- 생물학 Biology [KDC 470]

570.1-.9는 표준세구분한다.

.1 철학 및 이론 Philosophy & theory

.12 생물분류학 Classification

.2 잡저, 편람 Micellany

.282 현미경생물학 Microscopy

.7 교육, 연구, 관련논제 Education, research, related topics

.724 실험연구 Experimental research

.75 사물의 채집과 수집 Museum activites & services collecting

.9 역사, 지리, 인물관련

Historical, geographic, persons treatment

571- 생리학, 관련주제 Physiology & related subjects [KDC 472.1]

571.01-.09는 표준세구분한다.

.1 동물생리학 Animals

비교생리학 Comparative physiology

.2 식물미생물학 Plants & microorganisms

식물생리학 Plants physiology

.3 생물해부학, 생물형태학 Anatomy & morphology

.4 생물물리학 Biophysics

.43 생체공학 Biomechanics & effects of mechanical forces

571.5 생물조직 및 부분생리학 Tissue biology & regional physiology
.6 세포생물학 Cell biology
.7 생물학적 조절, 분비작용 Biological control & seoretions
.8 번식, 발달, 성장 Reproduction, development, growth
.86 생물발생학 Embryology
.9 생물병리학 Diseases Pathology
572- 생화학 Biochemistry [KDC 472.193]
.3 일반적 생화학 General topics of biochemistry
.4 신진대사 metabolism
.6 단백질 Proteins
.7 효소 Enzymes
.8 생화학적 유전학 Biochemical genetics
세포유전학 Cytogenetics
분자생물학 Molecular genetics
분자유전학 Molecular genetics
생리학적 유전학 Physiological genetics
핵산 Nucleic acids
.86 디옥시리보 핵산 DNA(Deoxyribonucleic acid)
게놈(염색체) genome

573- 특정한 동물생리체계 Specific physiological system in animals... [KDC 491.1]

부분조직학 및 생리학(동물에 있어 특정생리체계)

.1 순환체계 Circulatory system

.2 호흡기체계 Respiratory

.3 소화기체계 Digestive system

.4 내분비 및 배설체계 Endocrine & excretory system

.5 외피(표피) Integument

.6 생식(번식)체계 Reproductive system

.7 근육체계 Musculoskeletal system

.8 신경, 감각체계 Nervous & sensory system

.9 부분조직 및 생리학 Miscellaneous systems & organs in animals, ...

[574]- XXX → 570

575- 특정한 식물생리체계 Specific parts of & physiological system in plants(식물의 특정부분과 생리체계) [KDC 481.1]

575.01-.09는 표준세구분한다.

.4 줄기 Stems

.5 뿌리와 잎 Toots & leaves

.6 생식(번식)기관 Reproductive organs flowers

.7 순환, 저장, 배설 Circulation, food storage, excretion

.8 증산작용 Transpiration

576- 유전과 진화 Genetics & evolution [KDC 476]

576.01-.09는 표준세구분한다.

.5 유전학 Genetics

.8 진화론 Evolution

577- 생태학 Ecology [KDC 472.5]

577.01-.09는 표준세구분한다.

.14 환경화학 Environmental chemistry

.22 생물환경학 Biometeorology

생물기후학 Bioclimatology

.26 개체생태학 Autecology

.3 산림생태학 Forest ecology

.4 초지(목초지)생태학 Grassland ecology

.56 도시생태학 Urban ecology

.57 토양생태학 Soil ecology

.6 민물(담수)생태학 Aquatic ecology

.7 해양생태학 Marine ecology

.8 군집(군락)생태학 Synecology

.88 집단생물학 Population biology

578- 생물체의 자연사와 관련주제 Natural history of organism (생물체의 자연사 및 관련주제) [KDC 477]

578.01-.09는 표준세구분한다.

.4 적응·개조 Adaptation

579- 미생물, 균류, 해조류 Microorganism, fungi, algae [KDC 475, 483]

.2 바이러스, 유기체바이러스 Viruses & subviral organism

.3 박테리아(세균) Prokaryotes

.4 원생동물 Protozoa

.5 균류·균학 Fungi Eumycophyta(true fungi)

.6 버섯 Mushrooms

.8 해조류 Algae

580- 식물학 Plants(Botany) [KDC 480]

580.01-.09는 표준세구분한다.

.7 교육, 연구, 관련논제 Education, research, related topics

.724 실험연구 Experimental research

.74 식물도감 Museums, collections, exhibits

.75 사물의 채집과 수집 Museum activites & services Collecting

.9 역사, 지리, 인물관련 Historical, geographic, person treatment

581- 식물자연사의 특정한 논제 Specific topics in natural history of plants (식물사에 있어 특정주제) [KDC 481]

581.01-.09는 표준세구분한다.

.3 유전과 진화 Genetics evolution

.35 유전학 Genetics

.38 진화론 Evolution

.4 적응·개조 Adaptation

.6 잡다한 식물 Micellaneous nontaxonomic kind of plants

유용식물학(有用植物學) economic botany

.634 약용식물학 Medicinal plants

.7 특수환경 식물의 특성, 식물생태학 Plants ecology, plants characteristic of specific environments

개체생태학 Autecology

.9 각국의 식물 930-999와 같이 지리구분한다.

예: 한국의 식물 581.951

582- 특정한 재배특징을 가지고 있는 식물과 꽃 Plants noted for characteristics & flower [KDC 485]

(생장력이 있는 특정식물과 꽃)

.16 나무 Trees

583-	쌍자엽식물 Dicotyledons) [KDC 489]
	583.01-.09는 표준세구분한다.
.685	무궁화 Malvaceae(Mallow family)·rose of sharon
.84	인삼 Cornales·ginseng family
584-	단자엽식물 Monocotyledons [KDC 488]
.4	蘭·東洋蘭 Orchidales·orchid family
585-	나자식물 Pinophyta (Gymnosperms)... [KDC 486]
586-	음화식물 Cryptogamia (Seedles plants) [KDC 482]
587-	양치식물 Pteridophyta [KDC 484.9]
588-	선태류식물 Bryophytes [KDC 484.8]
[589]-	XXX → 579
590-	동물학 Animals(Zodogy) [KDC 490]
	590.1-.9는 표준세구분한다.
.7	교육, 연구, 관련논제 Education, research, related topics
.724	실험연구 Experimental research
.74	동물도감 Museums, collection, exhibits
.75	사물의 채집과 수집 Museum activities & services Collecting
.9	역사, 지리, 인물취급 Historical, geographic, person treatment

591- 동물자연사의 특정한 논제 Specific topics in natural history of animals (동물사에 있어 특정주제) [KDC 491]

591.01-.09는 표준세구분한다.

.3 유전, 진화 Genetics, evolution, young of animals

.35 유전학 Genetics

.38 진화론 Evolution

.4 물리적 적응·개조 Physical adaptation

.5 동물행동 Behavior

.7 특수환경 동물의 특성, 동물생태학 Animal ecology, animals characteristic of specific environments

개체생태학

.9 각국의 동물 930-999와 같이 지리구분한다.

예: 한국의 동물 591.951

592- 무척추동물 Invertebrates [KDC 492]

동물분류학

593- 해양무척추동물 Marine & seashore invertebrates [KDC 493]

594- 연체동물·의연체동물·패류

Mollusca & molluscoidea [KDC 494]

595- 절지동물 Arthropods [KDC 495]

.4 거미류 Chelicerata Arachnida

.44 거미 Araneida

.7 곤충 Insecta(Insects)

596-	척색동물 Chordata [KDC 496]
597-	냉혈동물 Cold-blooded vertebrates [KDC 497]
.8	양서류 Amphibia(Amphibians)
.9	파충류 Reptilia(Reptiles)
598-	조류(새) Aves(Birds) [KDC 498]
599-	포유류동물 Mammalia(Mammals) [KDC 499]
.8	영장류 Primates
.9	인류, 문화인 Hominidae, Homo sapiens
	자연인류학 Physical anthropology
.935	인체유전학 Genetics
	인종그룹 Human ethnic groups
.97	자연인종학 Physical

600 기술과학(응용과학)

600-	**기술과학 Technology(Applied sciences) [KDC 500]**
601-	철학 및 이론 Philosophy & theory [KDC 501]
602-	잡저, 편람 Miscellany [KDC 502]
.75	상표 Trademarks & service marks
603-	사전 Dictionaries, encyclopedias [KDC 503]
604-	기술설계, 위험한 재료기술 Technical drawing,.. [KDC 500]
605-	연속간행물 Serial publications [KDC 505]
606-	조직, 단체 Organizations [KDC 506]
607-	교육 및 연구 Education, research, related topics [KDC 507]
.1	기술교육 Education
.2	기술연구, 통계방법 Research, Statistical methods
.251	과학기술조사연구보고서
.4-.9	각국의 기술교육, 연구 940-999와 같이 지리구분한다.
	예: 한국의 기술교육 607.51
608-	특허(권) Patents [KDC 502.9]
.7	각국의 특허·공업소유권 Historical, geographic, persons...
	예: 한국의 특허 608.751

609-	역사, 지리, 전기 Historical, geographic, ... [KDC 509]
610-	의학과 건강 Medicine & health [KDC 510]
.3	의학사전
.7	의학교육, 연구, 간호 Education, research, nursing
.73	간호학 Nursing & services of allied health...
.9	의학사 Historical, geographic, persons treatment
611-	인체해부학 Human anatomy, cytology, histology [KDC 511.4]
.018	세포학·조직학 Cytology(Cell biology)and history
612-	인체생리학 Human physiology [KDC 511.1]
.01442	전기·전자생리학 Electricity & magnetism
.01448	방사선생물학 Radiation(Radiobiology)
.015	인체생화학 Biochemistry
	임상의화학
.1	혈액순환 Blood & pressure
.11	혈청·혈액 Blood
.14	혈압 Blood pressure
.2	호흡 Respiration
.3	소화·영양학·영양생리화학 Digestion·nutrition
	영양생리학·임상영양학
.39	신진대사 Metabolism
.4	혈액, 임파선, 분비물, 비뇨기체계
	Hematopoietic, lymphatic, glandular, urinary systems

612.42 임파선(관) Lymph & lymphatics

.6 생식, 번식, 성장 Reproduction, development, maturation

.63 임신 Pregnancy & childbirth

.64- 발생학·태생학 Physiology

.7 운동기능과 피부 Musculoskeletal system, integument

.74- 운동학 Muscles

근육생리학

.76- 운동생리·체육위생학 Locomotion, exercise, rest

스포츠생리학 Body mechanics

.8 신경기능, 감각기능 Nervous system Sensory functions

신경생리 Neurophysiology 정신생리 psychophsiology

.9 부분생리학 Regional physiology

613- 개인건강과 안전 Person health & safety

위생학 [KDC 517]

.1 환경위생학 Environmental factors

.2 건강, 영양학 Dieretics

응용영양학 Applied nutrition

.4 개인적인 청결함과 관련논제 Personal cleanliness...

.5 인위적인 환경 Artifical environments

.6 건강과 안전 특정한 논제

Personal safety & special topics of health

.62 직업 및 산업보건(위생) Industrial & occupational health

613.7 신체(육체)적 건강 Physical fitness

.7046 요가 Physical yoga

.71 생활체육, 체육활동 Exercise and sports activites

.714 미용체조 Calisthenics & isometric exercises

.8- 물질남용 Substance asuse(Drug abuse)

.94 가족계획 Birth control & reproductive technology

614- 법의학, 공중위생 Forensic medicine, incidence...

예방의학, 공중위생 [KDC 517]

.1 법의학 Forensic medicine

.3 상해와 상처의 발병률 Incidence of injuries & wounds

.4 질병의 발병률과 예방 공공대책 Incidence of & public meseures...

방역 prevent 전염병 Epidemiology

615- 약리학, 치료 Pharmacology & therapeutics [KDC 518]

.1 약물학, 약리학, 약국 Drugs(Materia medica)

약품학, 처방학

.11 약전(藥典) Pharmacopoeias

약국방(藥局方)

.19- 약품화학 Pharmaceutical chemistry

약품정성분석, 약품분석화학

.2 무기약화학, 무기약품제조화학 Inorganic drugs

.3 유기약화학, 유기약품제조화학 Oragnic drugs

615.321	식물에서 유래된 약품 Drugs derived from plants
	생약학 Pharmaconosy
.328-	비타민 Vitamins
.329	미생물, 균류, 조류에서 유래된 약품
	Drugs derived from microorgani, fungi, algae
	항생물질의약품 antibiotics
.35	효소 Enzymes
.4	처방약 조제 Prescription filling
.5	치료학 Therapeautics
.535-	자연요법 Naturopathy
.58	약물치료 Drug therapy
	화학요법 chemotherapy
.6	약물투여 방법 Methods of administering drugs
.7	약물동력학 Pharmacokinetics
	약력학 Pharmacodynamics
.82-	물리치료 Physical therapies
.8222-	지압 Acupressure
[.824]	체육의학 → 615.82 Medical gymnastics
.85154	음악치료 Music therapy
.854-	식이요법 Diet therapy
	영양식치료
.892-	침요법·침술 Acupuncture

615.9	독물학(毒物學) Toxicology
.954-	식중독 Food poisons
616-	내과학 Disease Internal medicine [KDC 512-513]
[.01]	병원미생물학·약품미생물학 Medical microbiology
	의학생물학 → 616.9041
[.014]	세균학 → 616.9201 Medical bacteria
.024-	가정의학 Domestic medicine
.0252	구급처치·응급치료(처치) First aid
.044	성인병 Chronic diseases
.07	병리학 Pathology
.075	진단학 Diagnosis & prognosis
.0757-	방사선의학 Radiological diagnosis
.079-	면역학 Immunity·Immunology
.1	심장체계 Diseases of cardiovascular system
.132-	고혈압 Hypertension
.15	혈액학 Diseases of blood·hamatology
.2	호흡체계 Diseases of respiratory system
.21	코, 비인두, 후두 Diseases of nose, nasopharynx, paranasal sinuses, larynx
	이비인후과학 → 617.51 Otolaryngology
.3-	소화체계 Diseases of digestive system
.362-	간장병 Diseases of liver

616.4 혈액, 임파선, 분비선(물), 비뇨기체계 Diseases of hematopoietic, lymphatic, glandular systems...

내분비학 endocrinology

.462- 당뇨병 Diabetes mellitus

.5 피부과학 Diseases of integument. dermatology

.51 피부염, 감광성 장애, 두드러기 Dermatitis, photosensitivity disorders, urticaria

습진 Eczema

.6- 비뇨기과학 Diseases of urogenital systems. urology

.8 신경체계 Diseases of nervous system...

.842- 중 풍(뇌졸중) Paralysis

.89- 정신과학 Mental disorders·Psychiatry

정신의학, 정신병, 임상심리, 정신위생, 정신병리, 이상심리

.9 기타병 Other diseases

.96 기생충학 Parasitic diseases. parasitology

.9792- 에이즈·후천성면역결핍증

Acquired immune deficiency syndrome(AIDS)

.98 비전염성 질환, 환경의학 Noncommunicable diseases & environmental medicine

.9803 산업 및 직업병 Industrial & occupational medicine

616.994-	암(종양) Cancers
.995	결핵 Tuberculosis
.998	한센병, 문둥병, 나병 Hansen's disease (leprosy)
617-	외과학 Surgery & related medical... [KDC 514-515]
.47	근골격, 피부 Musculoskeletal systems, integument 정형외과학 Orthopedic surgery
.48-	신경외과학 Nervous system. neurosurgery
.5	부분의학. 부분외학 Regional medicine Regional surgery
.51	머리 Head 이비인후과학 otolaryngology
.6-	치과학 Dentistry
.7-	안과학 Ophthalmology
.8-	이과학(耳科學), 청각학 Otology & audiology
.91	수술외과학 Operative surgery
.95-	성형외과학 Cosmetic & restorative plastic surgery, ...
.96	마취과학 Anesthesiology
618-	산부인과, 소아과, 노인병학 Gynecology, obstetrics, pediatrics, geriatrics [KDC 516]
.1	부인과학 Gynecology
.2	산과학 Obstetrics
.24	태교 Prenatal care & preparation for childbirth
.92	소아과학 Pediatrics
.97	노인병학 Geriatics

619- 동양의학·한의학 [KDC 519]

.01-09 표준세구분

.01 철학. 이론

한의학의 현대화, 동서양의학의 결합

한의학 이론체계는 619.1에 분류한다.

.04 종합 한의서 이론

경악전서(景岳全書). 고금의통대전(古今醫統大全). 동의보감(東醫寶鑑).

의심방(醫心方). 단계심법(丹溪心法).의문보요(醫門補要)

.09 한의학사

.1- 이론체계

.11 내경(內經)

해설서. 주석. 재구성서를 포함한다.

.12 상한(傷寒). 금궤(金匱)

상한론(傷寒論). 상한잡병론(傷寒雜病論). 금궤요략(金匱要略)

.13 생리학

해부학을 포함한다.

.14 경락(經絡). 공혈(孔穴)

.16 음양오행론(陰陽五行論)

오운육기론(五運六氣論). 사상론(四象論)

.18 병리학

병기(病機)와 병인(病因)

.19 기타 이론

619.2- 위생 보건

.21 예방. 위생

.22 양생(養生)

장수. 장생비결을 포함한다.

보생심감(保生心鑑)

식양. 식료는 619.371 양생기공은 619.374를 보라.

.3- 임상학

.31 진단학. 질병예측학. 진맥법. 병증학

.32 치료학

.33 한방약치료학. 중초약치료학. 약물요법.

거풍약치료완증(祛風藥治療頑症)

.34 외치법(外治法). 물리요법)

안마. 지압. 부항요법 등을 포함한다.

.37 기타 요법

.371 약선(藥膳)

식양(食養). 식료(食療)를 포함한다.

.374 양생기공(養生氣功

.38 간호학

.39 의안(醫案병력서). 의화(醫話. 임상경험)

.4- 침구학(鍼灸學) 615.892도 보라.

619.409 의안(醫案). 의화(醫話)

침구갑을경(鍼灸甲乙經). 침구대성(鍼灸大成). 금침재전(金針再傳)

일반이론. 방법

금침(禁鍼. 방혈(放血)등을 포함한다.

.42 침구용 기계. 의기(醫器)

.43 침법(鍼法)

.44 뜸(구법(灸法)

.45 혈위요법(穴位療法). 경락요법(經絡療法)

혈위매장요법(穴位埋藏療法). 혈위자격결찰요법(穴位結紮療法).

혈위주사요법(穴位注射療法). 혈위전류요법(穴位電流療法).

림파절자격요법(淋巴絶刺激療法)

기침조장요법(氣針調場療法) 등을 포함한다.

경락. 공혈은 619.14를 보라.

.46-49 각과 임상침구학

종합적인 내용은 619.4에 분류한다.

619.4에 619.6-.9에서 619다음에 오는 숫자를 더하여 분류한다.

예: 눈병(眼病)의 수지침치료 619.481

.46 내과

.47 외과. 침자마취법(鍼刺痲醉法)

연조직손상송침요법(軟組織損傷松針療法)

.48 오관과(五官科)

.49 산부인과. 소아과. 노인병

619.5- 약학

상용방약공용견별(常用方藥功用甄別)

.51 본초(本草). 한약재

.53 포제(炮製). 제제(製劑)

중약신제제개발과 응용(中藥新制劑開發與應用)

.54 약품화학

화학분석과 감정. 유효성분의 분리와 정제. 화학합성 등

.55 약품학

.576-579 각과 용약. 약물

619.57에 619.6-9 다음에 오는 숫자를 더하여 분류한다.

예: 항암한약재 619.5768

.58 약사조직(藥事組織)

약사법규(藥師法規). 약국. 약품관리와 저장 등을 포함한다.

.59 방제학(方劑學). 처방학(處方學)

중약방제연구와 응용대전(中藥方劑研究與應用大全)

.6-9 각과 한의학

.6- 내과

.61 외감병증(外感病證)

온병(瘟病). 온역(瘟疫). 시병(時病)등을 포함한다.

.62 일반병증

.63 장부병증(臟腑病證)

619.671-679 현대의학적 신경. 정신병

619.67에 616.81-89(DDC 23)에서 616.8 다음에 오는 숫자를 더하여 분류한다. 예: 두통 619.67491

.68- 종양(腫瘍) 암을 포함한다.

.69 응급의학

.7- 외과

.71 외과 잡병(雜病)

.72 골절

.73 탈위(脫位)

정골수법(正骨手法) 손상

.74 연조직(軟組織) 손상

.751-759 현대의학적 골상(骨傷)과 질병

619.75에 617.1-9(DDC 23)에서 617 다음에 오는 수자를 더하여 분류한다.

예: 한방척추질환 619.75482. 요통 619.7556

오관과는 619.8, 산부인과, 소아과, 노인병은 619.9를 보라.

.76- 피부과

.8- 오관과(五官科)

.81- 안과

.82- 이비인후과

.83- 치과, 구강내과

619.9- 산부인과. 소아과. 노인병과

.91-93 부인과 및 산과

.91 부인과

.92 산부인과 병

.931-938 산부인과의 현대의학적 질병

619.93에 618.1-8(DDC 23)에서 618 다음에 오는 숫자를 더하여 분류한다.

.98- 소아과

.99- 노인병 성인병을 포함한다.

620- 공학, 공업일반 Engineering & allied operations [KDC 530, 550-560]

.0042 공업디자인 Engineering design

컴퓨터에 의한 디자인 CAD

공업 도학(工業 圖學). CAD/CAM → 670.285

*기계설계 → 621.815

.1 공업역학 및 재료 Engineering mechanics & materials

.103 응용정역학 Applied statics(531.12 참조)

.104- 응용동역학 Applied dynamics(531.11 참조)

.105- 응용고체역학 Applied solid mechanics

.106 - 응용유체역학 Applied fluid mechanics

.107 응용기체역학 Applied gas mechanics

620.11- 재료공학 Engineering materials

재료과학 Materials science

.112 재료시험

Properties of materials & nondestructive testing

재료역학 Strength of materials

.11232 탄성(彈性)학 Temporary deformation(Elasticity)

.11233 소성(塑性)역학 Parmanent deformation(Plasticity)

*620.12-.19 특수공업재료

.1127- 비파괴검사 Nondestructive testing

.135- 시멘트 Cements

.136- 콘크리트 Concrete

.14- 세라믹관련재료 Ceramic & allied materials

.2 음향, 진동 Sound & related vibations

음향공학 Acoustical engineering

.23 소음과 방지 Noise & countermeasures

.3 기계진동론 Mechanical vibration

.44 표면공학 Surface engineering

.5- 나노기술(초정밀공학) Nanotechnology

.82 인간공학 Human factors engineering

621- 응용물리학 Applied physics [KDC 552-554, 560]

기계공학 mechanical engineering

.1 증기(蒸氣)공학 Steam engineering

.16 증기기관 Steam engines

.165 증기터빈 Turbines

.2- 수력공학(水力工學) Hydraulic-power technology

유체기계

.26 유체전달 Hydraulic transmission

.27 유압공학·수압공학 Rams

.3- 전기공학 Electrical, magnetic, optical, communication, ... [KDC 560]

.31 발전공학(發電工學) Generation, modification, storage, transmission...

전류실험공학(電流實驗工學)

.312132 화력발전(火力發電) Steam-powered generation

.312134 수력발전 Hydroelectric generation

조력발전 Tidal generation

.313 전기기계 Generation machinery & converters

전기기기·전기설계·전동력

.3132 직류기 direct-current machinery

.3133 교류기 Alternating-current machinery

621.3137 정류기(整流器) Rectifiers
SCR入門 Sikicon controlled rectifiers
.314- 변압기 Transformers
변압기공학
.315 축전기 Capacitors(condensers)
.317 전기제어 Control devices
.319 송전공학 Transmission
배전공학
.31912 직류회로 Direct-current systems
.31913 교류회로 Alternating-current systems
.31921 전기회로 Physical phenomena in circuits
.31923 지중전선로(地中電線路) Undergground lines
.32- 조명공학 Lighting
전 등 electric lighting
.327 방전현상 Vapor lighting(Luminous-tube lighting)
.34- 자기공학 Magnetic engineering
.35 초전도(성) Superconductivity
.36 광공학(光工學) Optical engineering
.361 분광학 Spectroscopy
.366- 레이저공학 Lasers
.37 전기계측 Testing and measurement of electrical quantities
전기계기(電氣計器), 전기측정, 전기측정기

621.38- 전자, 통신공학 Electronics, communications engineering

.381- 전자공학 Electronics [KDC 569]

마이크로전자공학

전자측정·전자재료

전자기기(電子器機)·전자응용(電子應用)

전자기기설계(電子機器設計)·물리전자공학(物理電子工學)

.3815- 전자회로 Components & circutis

I.C 규격집 S.C.R 규격집

.381512 진공관 Vacuum tubes

.382- 통신공학 Communications engineering

.383 전신(술) Telegraphy

.384- 라디오 및 레이다, 무선통신공학 Radio & radar

고주파공학, 레이다공학

무선공학, 라디오기술

.38411 전파법규 Wave propagation & transmission

전파전달

.38412 라디오회로 Circuits

.3842- 무선전신전화 Radiotelegraphy

.385 전신전화공학 Telephony

유선방송기술

.387- 교환공학 Telephone transmission & nonterminal equipment 전자교환기

621.388-	텔레비전공학 Television
.39-	컴퓨터공학 Computers engineering
.395	컴퓨터회로 Circuitry
.397-	기억장치 Storage
.4	원동력·열공학 Prime movers & heat engineering
	원동기공학 prime movers
.4021	공업열역학 Thermodynamics
.43-	내연기관 Internal-combustion engines
.47-	태양열공학 Solar-energy engineering
	태양열기관 [KDC 563.75]
.48-	원자력공학 Nuclear engineering
	원자핵공학 [KDC 559.1]
.483-	원자력발전소 Nuclear reactors, power plants, ...
.51-	압축기 Pneumatic technology. air compressors
.55	진동기술 Vacuum technology
.56-	냉동공학 Loe-temperature technology. refrigeration
.69	펌프공학 Pumps Pneumatic pumps
.8-	기계공학, 장치, 부속품 Machine engineering [KDC 550]
.811	물리적 원리 Physical principles
.815	기계설계 Machine design
	기계제도(機械製圖)
.8672	배관공학 Pipes, pipelines

621.877-	엘리베이터 Elevators [KDC 552.97]
.9-	기계공구, 장비, 설비 Tools
	기계공작법 Fabrication equipment
	공작기계
622-	채광공학 Mining & related operations
	채광, 광물, 광산, 광업 [KDC 559.6]
.14	광물조사·광산측량 Mine surveys
.15	지구물리학상 탐사 Geophysical prospecting
	전기채광, 탐사
.19	채굴작업 Prospecting for treasure. Underground
.23	채광시추 Underground blasting & drilling
.342	비싼금속 Precious metals
.3422	금광 Gold
.3423	은광 Silver
.42	갱내공기조정학 Ventilation & air conditioning
.48	광산전기공학 Electricity

623- 군사공학, 항해공학 Military & nautical engineering
[KDC 559.3-4]

.4 병기(兵器) Ordnance

.44 휴대무기 Small arms & other weapons

.441 고대화기(古代火器) Weaponry of prefirearm origin

.45 탄환·탄약 Ammunition & other destructive agents

.45119 원자탄 Nuclear weapons

.55- 화기(火器)·포술 Gunnery

.746 군사항공 Aircraft Heavier-than-air aircraft

.8 항해공학 Nautical engineering & seamanship
해사(海事工學) Nautical engineering [KDC 559.4]

.81- 조선공학(造船工學) Naval architecture [KDC 559.41]

.83 조선시설(造船施設) Shipyards

.86 선박설비 Equipment & outfit of nautical craft

.87 선박기관 Power plants of nautical craft
선박공학 Marine engineering

.88 선박조종술 Seamanship

.89- 항해술 Navigation [KDC 559.49]
항해학

.893 지리항해 Geonavigation aids

.8942 등대 Lighthouses

.8944 신호불, 부표, 표지 Light beacons, buoys, daymarks

624- 토목공학 Civil engineering [KDC 531]

토목시공학

.1 구조공학 Structural engineering

.15- 기초공학, 지질공학 Foundation engineering & engineering geology

.151- 토질공학 Engineering geology

지질공학·토목지질학

.15132 암반역학 Rock mechanics

.15136- 토질역학 Soil mechanics

.1514 토질분석법·토질시험 Soil content analysis

.1517 토질조사법 Soil surveys

.152- 굴착공학 Excavation

.157 지하건조 Underwater foundations

.16 옹벽의 공사 및 설계

Supporting structures other than foundations

.171- 구조해석 Structural analysis

구조역학의 해법

부정정구조물의 해법(不靜定構造物의 解法)

.1762 지진공학·내진공학 Earthquake engineering

.177 구조설계 Structural design & specific structural elements

.18 토목재료 Materials

.18341 철근콘크리트 Reinforced concrete(Ferroconcrete)

624.19 지하건조(구조) Underground construction

.193- 터널공학 Tunnels

.2- 교량공학 Bridges

.238 케이블교량 Cable-staued bridges

[.3] 특수한 형태의 교량 → 624.21
Girder and related kind of bridges

625- 철도공학·도로공학
Engineering of railroads & roads [KDC 534-535]

.1- 철도공학 Railroads
궤도공학

.26 철도기관차공학 Locomotives

.263 전기기관차 Electric locomotives

.266 디젤기관차 Diesel & semidiesel locomotives

.42- 지하철 Underground railroads(Subways)

.7- 도로공학 Roads
고속도로 Highways

.8- 도로포장 Artificial road surfaces, paving

[626]- XXX

627-	수력공학, 수리공학(水理工學) Hydraulic engineering
	수력공학(水力工學) water control engineering [KDC 537]
.12	하천공학 Rivers and streams
.13	운하공학(運河工學) Canals
.2	항만공학 Harbors, ports, roadsteads
.31	도크공학 Dock
.4-	치수공학 Flood control
.5-	간척공학 Reclamation, irrigation, related topics
.52	관개(灌漑)공학 Irrigation
.54	배수공학 Drainage & reclamation from sea
.58	해안공학 Shore protection
.7	지하수공학, 수중작용 Underwater operations
.8-	댐공학 Dams & reservoirs
.922	등대공학(燈臺工學) Lighthouses
628-	위생공학·도시공학 Snitary engineering [KDC 539]
	engineering
	환경공학 Environmental protection engineering
.1-	상수도공학 Water supply
	수질오염 → 363.7394
.2-	하수도공학 Sewers
.3	하수처리 Sewage treatment & disposal
	수질처리, 폐수처리

628.4-	폐기물처리·쓰레기처리기술 Waste technology, public toilets, ... 도시위생·공중위생
.5-	공해(오염)방지기술 Pollution control technology
.51	산업위생공학 Industrial sanitation engineering
.53	대기(공기)오염 Air pollution
.55-	토양오염 Soil pollution
.7	농촌위생공학 Sanitary engineering for rural...
629-	기타공학 Other branches of engineering [KDC 556, 558]
.04-	교통공학 Transportation engineering
.1	항공우주공학 Aerospace engineering
.13-	항공공학 Aeronautics
.1323	항공역학 Aerodynamics
.2-	자동차공학 Motor land vehicles, cycles [KDC 556]
.272	전자시스템 Electronic systems
.28	자동차정비 Tests, driving, maintenance, repair
.4	우주항해학 Astronautics
.41	우주비행 Space flight
.8-	자동제어공학 Automatic control engineering
.83	자동제어장치 Closed-loop systems(Feed-back systems)
.89	컴퓨터제어 Computer control
.892-	로봇공학 Robots

630- 농업, 농학 Agriculture & related technologies [KDC 520]

*********** 요 약 ***********

630 농업·농학

631 농장경영·농업경영

631.3 농업기계

632 상해 및 병충해·농약

633 전답작물·사료작물

634 과수재배

634.9 임업·임학(林業·林學)

635 원예·채소재배

636 축산학

636.089 수의학

637 낙농업

638 양봉·양잠

639.2 수산업

****

630- 농업, 농학 Agriculture [KDC 520]

630.1-.9는 표준세구분한다.

농업개론, 농업경제 → 338.1

농촌지역사회개발 → 307.72

.2 잡저, 편람 Miscellany & science principles

.23 농업물리학 Agricultural physics

.24 농업화학 Agricultural Chemistry

농예화학

.2515 농업기상학 Agricultural meterology

.26 농업법규 Law of agriculture

.7 농업교육, 연구관련논제 Education, research, related topics

631- 기법, 절차, 장치 Techniques, procedures, apparatus, ...

[KDC 521]

.2 농업구조 Agricultural structures

.22 농장건물 General-purpose buildings

.3 농업기계 Tools, mechinery, apparatus, equipment

.4 농업토양학 Soil science

.41- 토양화학 Soil chemistry

.43 토양물리학 Soil physics

.44 토양의 분류 Soil classification

.45 토양침식 Soil erosion

토양보호 Soil conservation

631.46	토양생물학 Soil biology
.47	토양조사법 Soil & land-surveys
.5-	작물재배·작물학 Cultivation & harvesting
.52-	육종학·품종개량 Production of propagational organisms & new varieties 작물의 번식 plant breeding
.53	식물육종학 plant propagation
.541	접 목 Grafting
.585-	수경재배(水耕栽培) Soilless culture(Hydroponics)
.62	농업토목학 Drainage
.7	농업수리학(農業水理學) Water conservation
.8-	비료학·토지개량 Fertilizers, soil conditioners, ... 식물·작물의 영양학
632-	상해 및 병충해 Plant injuries, diseases, pests 농업곤충학 [KDC 523.5-6]
.3	병충해 Diseases
.6	동물해충 Animal pests
.7	해충학·농업곤충 insect pests
.95	살충제, 농약 pesticides

633- 작물학 Field & plantation crops [KDC 524]

633.01-.09는 표준세구분한다.

사료작물·자원식물학·특용작물·식용작물

.1 곡물(穀物) Cereals·grain

.11 밀- Wheat

.16 보리 Barley

.18 쌀- Rice

.2 초지학(草地學) forage crops

.34- 콩, 대두 Soybeans

.5 섬유작물 Fiber crops

.6 당료(糖料)·전분(澱粉)작물 Sugar, syrup, starch crops

.7 기호료작물(嗜好料作物) Alkaloidal crops

.71 연초(煙草) (담배) Tobacco

.73- 커피 Coffee

.8 공예작물 Other crops grown for industrial processing

.81 향료작물(香料作物) Perfume-producing plants

.82 향미료작물(香味料作物), 조미료작물

Flavoring-producing plants

.85 유료(油料)작물 Plants producing nonbolatile oils

.86 염료(染料)작물 Dye-producing plants

.88 약용작물 Medicine-producing plants

인삼

634-	과수재배, 삼림 Orchards, fruits, forestry [KDC 525-526]
.11-	사과 Apples
.13	배 - Pears
.21	살구 Apricots
.22	자두 Plums
.23	벚나무 Cherries
.25-	복숭아 peaches
.31	귤 - Oranges
.45	감 - Persimmons
.5	밤 - Nuts
.51-	호두 Walnuts
.75	딸기 strawberries
.772	바나나 Bananas
.774	파인애플 Pineapples
.8	포도 Grapes
.9-	임업·임학(林業·林學)·산림·삼림 Forestry
.92	임업관리 Forest management
.928	삼림측정학·측수학·계측 Production planning...
.95-	조림학 Silviculture
.956	조림기술 Forestation
.96	산림의 병충해 Injuries, diseases, pests
.99	산림농업 Agroforestry

635-	원예·채소재배 Garden crops(Horticulture) [KDC 525]
.1	근채류(根菜類) Edible roots
.11	사탕무우 Beets
.13-	당근 Carrots
.15	무우 Radishes
.21	감자 Potatoes
.22	고구마 Sweet potatoes
.25-	양파 Onions
.26-	마늘 Alliaceous plants, garlic
.3	엽채류 Edible leaves, flowers, stems
.34-	배추 Cabbage
.41-	시금치 Spinach
.55-	상추 Edible garden fruits & seeds
.6	과채류(果菜類) Edible garden fruits & seeds
.61	참외 Pepos, melons
.615-	수박 Watermelons
.62-	호박 Squashes & pumpkins
.63-	오이 Cucumbers
.642-	토마토 Tomatoes
.646	가지 Eggplants
.655-	콩, 대두 Soybeans
.6596	땅콩 Peanuts

635.67-	옥수수 Corn
.7	향료식물·고추 Aromatic & sweet herbs
.8	버섯 Mushrooms & truffles
.9	화초재배·화훼재배 Flowers & ornamental plants
.933734	장미 rose
.93399	국화 chrysanthemum
.93415	란(蘭), 동양란 → 584.4도 보시오.
.965	분재, 화분용화초 House plants
.977	조원수목(造園樹木)·정원수목(庭園樹木) Trees
.982	온실재배·비닐하우스 controlled-environment gardening
636-	축산학 Animal husbandry (KDC 527)
.08	특정한 동물사육 Specific topics in animal husbandry
.081	가축의 선정, 전시, 구입 Slection, showing, ownership marks
.082	가축번식학·가축사양(사육)학. 가축육종학 Breeding
.0824	가축인공수정 Breeding & reproduction methods
.083	가축관리, 훈련 Care, maintenance, training
.08321	동물병원 Animal hospitals
.084	가축사육 Feeding
.085	가축영양학·가축사료학 Feeds & applied nutritin
.086	농후사료 Field-crops feeds
.088	특정한목적의 동물 Animals for specific purposes

636.089 수의과학 Veteinary science enterinary medicine

636.089를 기본으로 611-618과 같이 구분한다.

예: 636.0896 가축세균학

.0891 가축해부학

.0892 가축생리·위생학

.0894 가축전염병

.0895 가축약물학·가축질병

.0896 가축세균학

.0897 가축외과학

.0898 가축산과학(家畜産科學)

.1 마(馬) (말) Equines Horses

.2 우(牛), 유우(乳牛) (소) Ruminants & Camelidae Bovidae Cattle

.294 사슴 Cervidae(Deer)

.3 양(羊) - Smaller ruminants Sheep

.4 돈(豚) (돼지) swine

.5 계(鷄) (닭) Poultry chickens

.594 꿩 - Pheasants

.597 오리 Ducks

.6 기타 새 Birds other than poultry

.7 개 - Dogs

.8 고양이 Cats

.9 기타 포유동물 Other mammals

637- 낙농업 processing dairy & related products [KDC 527.5]

.1 우유가공 Milk processing

.124 우유생산 Milking

.14 우유처리 processing specific forms of cow's milk

.141 생우유 Fresh whole milk

.142 연유 Concentracted liquid forms of whole milk

.143 분유 Dried whole milk

.2 버터가공 Butter processing

.3 치즈가공 Cheese processing

.4 아이스크림 Manufacture of frozen desserts Ice cream

.5 계란가공 Egg processing

638- 양봉, 양잠 Insect culture [KDC 527.7-8]

.1 양봉(養蜂) Bee keeping(Apiculutre)

.2 양잠(養蠶) (누에) Silkworms

639- 수렵, 어업, 보존 Hunting, fishing, conservation, ... [KDC 529]

.1 수렵 Hunting, trapping

.2 수산업 Commercial fishing, whaling, sealing

.31 민물에서의 양식 Fish culture in fresh water

.32 바닷물(소금물)에서의 양식 Fish culture in salt waters

.8 양식어업 Aquaculture

640- 가정 및 가족관리 Home & family management [KDC 590]

640.1-.9는 표준세구분한다.

가정관리학·가정경제학

641- 식품과 음료 Food & drink [KDC 594]

식생활관리학

영양생리학 → 612.3

식품위생 → 613.2

.2 음료 Beverages(Drinks)

.21 술-음료 Alcoholic beverages

.22232 장미술. 로제술 Rose wine

.2226 알코올보강 포도주 Fortified wine

.3 식품 Food

.302 건강식품 Health foods

.36 육류(肉類) Meat

.4 가정에서의 식품저장 Food preservatin & storage

.5 요리, 조리학 Cooking

.52 가벼운식사 First meal of the day

.53 대낮식사 Light meals

.54 주요식사 Main meal of the day

.563 건강요리 Cooking for health, ...

.594 서양요리

.5951 한국요리

641.5952 중국요리

.5953 일본요리

.7 조리법 Specific cooking processes & techniques

.8153 크레이프, 판케이크, 와플 Crepes, pancakes, waffles

.8157 즉석 신속한 빵 Quiek breads

.85 과자 Preserves and candy

.872 과일주·술(조리) Wine

642- 식사와 접대 Meals & table service [KDC 594.8]

.5 단체급식 Meals in public & institutional eating places

643- 주택관리, 가정설비 Housing & household... [KDC 595]

.1 주거학 Housing

주택문제 → 363.5

.3 조리기기 Kitchens & their equipment

.4 식 당 Eting & drinking areas

644- 가정용 상비도구 및 기구 Household utilities [KDC 595.7]

.1 난방 heating (XX 697)

.3 조명 Lighting

(XX 621.32, 747.92)

.5 환기 Ventilation & air conditioning

(XX 679.9)

.6 수도 Plumbing. water fixtures

645- 가구설비 Household furnishings [KDC 595.4]

(XX 747)

646- 의복, 재봉 Sewing, clothing, personal living

피복학·복식미학·피복구성학 [KDC 592]

복식디자인 Fashions → 746.92

패턴디자인 Fashions → 746.92

.094 서양복

.0951 한복

.1 피복재료학 Sewing materials & equipment

.2 봉제·재봉 Sewing & related operation

.4 의류구조·피복구조·양재 Clothing & accessories construction

.5 모자구조 Construction of headgear

.6 의복정리학 Care of clothing & accessories

.7 개인, 가족생활관리 management of personal & family living

미용, 몸치장(몸단장), 화장(化粧)

647- 공동주거관리 Management of public households [KDC 596]

648- 가정관리 Housekeeping [KDC 597]

가정위생 Household sanitation

649-	육아 Child rearing; home care of persons... [KDC 598]
.1	육아학 Child rearing
	아동학
.122	유아, 소아 Infants
.15	특수아동 Exceptional children
.3	아동급식 Feeding children
.4	아동건강 Child health care
.5	유아놀이 Children's Activities & recreation
.65	성교육 Sex education
.68	가정교육 Home preschool education
650-	경영 및 보조서비스 Management & auxiliary [KDC 325-326]
651	사무관리 Office services [KDC 325.4]
.2	사무용기기·비품 Equipment & supplies
.3	사무관리 Office management
.374	비서학 Secretarial & related services
.5	문서관리 Records management
.7	상업통신 Communication Creation & transmission of records
.74	상업서한통신 Written Communication
.75	상업서한문 Correspondence
	무역통신서한문
.8	자료처리 Data processing computer applications
	사무자동화. 컴퓨터응용

652- 사무통신, 쓰기

Processes of written communication [KDC 325.5]

.1 펜글씨 Penmanship

.3 타이프교본 Keyboroading. Typing

타자(打字)

.4 복사법 Copying

[.5] 워드프로세서 → 005.52 Word processing

.8 암호법 Cryptography

653- 속기법 Shorthand [KDC 325.53]

[654-656] XXX

657- 회계학. 재무회계 Accounting [KDC 325.9]

.042 초급회계 Elementary level

.044 중급회계 Intermediate level

.046 고급회계 Advanced level

.2 부기학 Bookkeeping(Record keeping)

.3 재무제표론 Financial reports(Financial statements)

대차대조표. 손익계산

.42- 원가회계 Cost accounting

원가계산

.45 회계감사 Auditing

감사론

.453 전산회계 Auditing of computer-processed accounts

657.46-	세무회계 Tax accounting
.48	인플레이션회계 Inflation accounting
.73	감가상각 Fixed assets. depreciation
.8	기업회계 Accounting for enterprises engaged in specific...
.839	무역회계 Commerce. wholesale & retail trade
658-	경영관리, 일반경영학 General management [KDC 325]
	기업경영·경영학
.001	철학 및 이론 Philosophy & theory
.022	중소기업 Small enterprises
.023	대기업 Big enterprises
.1	조직 및 재정 Organization & finance
.11-	창업 Initiation of business enterprises
.15-	재무관리론 Financial management
	기업금융론
.1511	관리회계론 Managerial accounting
.154	예산통제론 Budgeting
	예산론
.155	소득과 지출(비용) Management of income & expense
	손익연구 profit & loss
.1552	원가분석. 원가절감 Cost analysis & control
.18-	국제경영론 Organization of international enterprieses

658.2 설비관리 Plant management

.23 공장계획 Layout

.3 인사관리론 Personnnel management

노무관리론

.3045 특수 분야인사 management of problem employees

.306 직무분석 Job analysis

.311 입사시험 Recruitment & selection of personnel

채용시험. 취업가이드

.3124 교육 및 훈련 Educion & training

.3125- 인사고과 Peformance rating(Evaluation)

.3134 정리해고 Reduction in force

.32- 임금관리론 Compensation management

.38 종업원건강, 안전, 복지 Employee health, safety, selfare

.4- 경영관리 Executive management

.4012 경영기획 Planning & policy making

경영정책·전략경영

.402 경영조직론 Internal organization

.403 의사결정·정보관리

Decision making & information management

.4032- 경영시스템분석 Systems theory & analysis

.4038 정보관리·정보시스템 Information management

.42- 최고관리자 Top management

658.43	중간관리자 Middle management
.5	생산관리 Management of production
	공장관리
.503	생산계획 Generla production planning
.51	생산조직 Organization of production
.514	생산기술·생산자동화 Use of technology
.54	작업관리 Work studies
	O.R. Operations research
.56	공정관리 Product control, packaging, analysis ...
.562	품질관리 Quality control
.57-	생산연구 및 개발 Research & development(R and D)
.7	자재관리 Management of materials
.72	구매관리 Procurement
.785	창고관리 Storage. warehouse management
.788	물품유통 Physical distribution
	출하(出荷) shipment
.8-	마케팅 Management of distribution(Marketing)
	유통관리·시장론·배급론
.81	판매관리 Sales management
.8101	판매계획 Sales planning
.812	고객관리 Customer relations
.816	가격결정 Pricing

658.82 판매증진 Sales promotion

판매촉진

.827 상표 Use of brand & trademarks

.83- 시장조사론 Market research

시장분석

.834 소비자조사연구 Consumer research

.8342 소비자행동 Consumer behavior. consumer psychology

.848- 국제마케팅 Export marketing(International trade)

.85- 세일즈맨 Personal selling. Salesmanship

.86- 도매상 Wholesale Marketing

.87 소매상 Marketing channels

.871 백화점 Department stores

.877 경매 Auctions

.88- 신용관리 Credit management

수금 collections

신용장 → 332.77

.883 할부판매 Consumer(Retail) credit

659- 광고 및 홍보 Advertising & public relations [KDC 326.14]

.1 광고 Advertising

.1045 영상. 주제광고 Use of images & themes in advertising

.111 기획 및 조정 Planning & control

.112 조직 Organization

.132 광고인쇄물 Advertising in printed media
광고문자

.14 방송광고 Advertising in electronic media

.152 이벤트전시회 Exhibitions & shows
박람회

.2 홍보 Public relations

660- 화학공학 Chemical engineering & related technologies
[KDC 570] *화학 → 540

.284 프로세스공학 Unit operations & unit processes

.2842 단위조작
Unit operations Transport phenomena engineering

.28426 건조과정 Evaporative & drying processes
증발과정 Evaporative

.28427 열교환기 Heat transfer

.28449 발효공학 Fermentation

.29 응용물리화학 Applied physical chemistry

.2969 화공열역학 Chemical engineering thermodynamics

660.6-	생물공학 biotechnology
.62	산업미생물학 Industrial microbiology
	미생물공학
.63	생화학공학 Biochemical engineering
.65	유전공학 Genetic engineering
661-	화학공업 Technology of industrial chemicals
	화학공업약품 [KDC 571]
	제조화학
.8	유기화학공업 Organic chemicals
662-	폭발물, 연료공업 Technology of explosives, fuels... [KDC 572]
.1	폭죽, 불꽃제조 술 Fire works (Pyrotechnics)
.2	폭발물 Explosives
.6	연료공업 Fuels
.62	석탄공업 Coal
663-	음료공업 Beverage technology [KDC 573]
.1	알코올성음료 Alcoholic beverages
.2	술-음료 Wine
.2232	장미술. 로제술 Rose' wine
.226	알코올보강 포도주 Fortified wine
.29	비포도주 Nongrape wine
.5	증류된 액체 Distilled liquors
.6	비알코올성 음료 Nonalcoholic beverages

664- 식품공학 Food technology [KDC 574]

식품가공학

.028 식품저장학 Preservation technique

.07 식품분석 Tsts analysis, quality contrs

.09 식품포장 Packaging

.3 식용유 Fats ad oils

.4 식염(소금) Food salts

.5 조미료 Flavoring aids

.8 과일, 야채 Fruits & vegetales

.9 육류와 관련식품 meats & allied foods

665- 유지, 석유, 식초, 가스공업 Industrial oils, fats, waxes, gases [KDC 575]

.37 바이오디젤연료 Biodiesel fuel

.5 석유 Petroleum

666- 요업(窯業)공업 Ceramic & allied technologies

요업공업·세라믹공학 [KDC 576]

667- 세탁, 채색, 염색공업 Cleaning, color, coating, related technologies [KDC 577]

.1 세탁과 표백 Cleaning & bleaching

.13 세탁 Laundering & finishing opearations

.14 표백 Bleaching

667.2	염료와 안료 Dyeing & pigments
.29	안료, 물감 Pigments
.3	염색과 날염 Dyeing & printing
.5	인쇄잉크 Printing ink
.6	페인트 paints & painting
.75	래커. 래커칠 Lacquers & lacquering
668-	기타유기화학공업 Technology of other organic products [KDC 578-579]
.1	계면활성제 Surface-active agents(Surfactants) 표면작용제
.3	접착제 Adhesives & related products 고착제
.4	합성수지 Plastics 플라스틱
.42	고분자공업 Polymerization plastics
.4942	유리보강플라스틱 Glass-reinforced plastic
.5	향료, 향수, 화장품 Perfumes & cosmetics
.54	향장품학 Perfumes 화장품제조화학
.55	화장품학 Cosmetic science
.62	화학비료 Fertilizers

669-	야금술, 금속공학 Metallurgy [KDC 559.7]
	669.01-.09는 표준세구분한다.
	야금술(冶金術) metallurgy
	채광야금공학(採鑛冶金工學)
	금속학 Science of metals
	합금학(合金學) alloys
.02	금속편람 Miscellany
.0282	금속제련법(金屬製錬法) Pyrometallurgy
.0284	전기야금 Electrometallurgy
.1	철강제조법 Ferrous metals
	철강·철야금학·철강제련공학
.142	스테인레스 Stainless steel
.22	금(金) - Gold
.23	은(銀) - Silver
.24	백금(白金) Platinum
.3	동(銅) - Copper
	동광제련법(銅鑛製錬法)
.4	연(鉛) - Lead
	연제련(鉛製錬)
.52	아연(亞 鉛) Zinc
.7	비철금속 Other nonferrous metals
	비철금속제련공학(非鐵金屬製錬工學)

669.72 경금속제련공학 Light, alkali, alkaline-earth metals

.722 알루미늄 Aluminum

.73 중금속(重金屬) Metals used in ferroalloys

.8- 야금술, 야금로(冶金爐) Metallurgical furnace technology

.9 야금물리화학 Physical & chemical metallurgy

금속열역학·야금열역학·금속열화학·화학야금학

.94 물리야금학 Physicochemical metallurgical phenomena

금속물리학

.95 금속조직학 Metallography

금속재료학

670- 제조업(원료)재료별 Manufacturing [KDC 580]

.285 자료처리. 컴퓨터응용 Data processing Computer applications

671- 금속제조업 Metal working process... [KDC 581]

금속가공학·주조공학·가공야금학·금속세공(술)

.2 주조(鑄 造) Founding(casting)

.33 금형설계 Forging, pressing, stamping

.36 금속열처리 Heat treatment & hardening

.37 분말야금 Power metallurgicla processes(Powder metallurgy)

.52- 용접공학 Welding

.521 전기용접 Electric welding

.522 가스용접 Gas welding

.7 도 금 Finishing & surface treatment of metals;...

금속표면처리

672- 철, 강철, 철 합금 Iron, steel, other iron alloys [KDC 582]

673- 비철금속 Nonferrous metals [KDC 582.9]

674- 목재가공 Lumber processing, ... [KDC 584]

.8 목재생산 Wood products

675- 피혁, 모피가공 Leather & fur processing [KDC 585]

676- 펄프·제지공업 Pulp & paper technology [KDC 586]

.1 펄프 Pulp

.2 제지업(製紙業) Conversion of pulp into paper, ...

제지생산(製紙生産)

제지공업(製紙工業)

677- 섬유공업 Textiles [KDC 587]

섬유공학·방적개론(紡績概論)·방적공학(紡績工學)

.028 직물제조법 Techniques, procedures, apparatus, ...

방적기술

.02825 섬유가공 Basic finishing

섬유가공학

.0283 섬유원료(재료) Materials

.0285 섬유동력기계 Power equipment

.0286 섬유제품 Products

.0287 섬유시험법 Testing & measurement

.21 면방적(綿紡績) Cotton

면방적학(綿紡績學)

677.3 동물성직물 Textiles of animal fibers

.31 양모공업(羊毛工業) Sheep wool

.39 생사(生絲) Silk

.4 합성섬유 Textiles of man-made fibers

화학섬유 chemistry of man-made fibers

.51 석면공업(石綿工業) Textiles of asbestos fibers

석면직물(石綿織物)

.55 메리야스공학 Textiles of elastic fibers

678- 합성고무(고무제조 및 고무) Elastomers & elastomer products

[KDC 578.1-7]

.2 고무공업 Rubber

679- 기타 제조업 Other products of specific kinds of materials

[KDC 589.9]

.7 연초 생산 제조, 연초 작물 products of tobacco

담배

연초생산(煙草生産) → 633.71

680- 특수제조업(공정) 제품화 Manufacture of products...

[KDC 580]

681-	정밀기계(정밀기계 및 기타장치) precision instruments & other devices [KDC 555]
.11	정밀도구 Onstruments for measuring time
.113	시 계(時 計) Clocks
.2	측정기, 계량기, 센서 Testing, measuring, sensing instruments
.4	광학기계 Optical instruments
.6	인쇄기, 복사기 Printing, writing, duplicating...
.8	녹음기, 악기 Printing, writing, duplicating...
682-	소규모철공, 대장간 Smal forge work(Blacksmithing) [KDC 583]
683-	철물, 가정기구 Hardware & household appliances [KDC 583]
684-	가구제조 Furnishings & home workshops [KDC 584.9]
.13	의자, 테이블 Chairs & tables
.162	선반에 얹어두기 Shelving
685-	피혁, 모피관련제품 Leather & fur goods, related products [KDC 585]
686-	인쇄와 관련공업 Printing & related activities [KDC 586.7]
.2	인쇄공업 Printing
.2	활판인쇄술 Typography
.4	사진복사 Photocopying
687-	의류제조, 액세서리 Clothing & accessories (XX 646.4) [KDC 588]

688- 기타상품, 포장기술 Other final products, ... [KDC 589]

.8 포장기술 Packaging technology

[689]- XXX

690- 건축공학 Buildings [KDC 540]

건축학

.1 건축구조학 Structural elements

.21 건축구조분석 Structural analysis

건축구조역학·건축역학

.26 해체공법 Wrecking & razing

.3 특수건물 Special topics of buildings

.4 특수건물파트 Specific parts of buildings

691- 건축재료 Building materials [KDC 541]

건축재료공학

.1 목재 Timber

.2 석재 Natural stones

.3 콘크리트·철근콘크리트재료 Concrete & artificial stones

.4 세라믹·벽돌·타일재료 Ceramic & clay materials

692- 건축실무 Auxiliary construction practices [KDC 542]

건축시공학

.1 건축설계 Plans & drqwings

건축계획

.2 건축세부제도 Detail drawings

건축디테일. 건축설계제도. 건축투시도. 도면기법

.3 설계서 Construction specification

.5 견적·건축비 Estimates of labor, time, materials

건축적산학 quantity surveying

.8 청부업(請負業) Contracting

입찰·계약

693- 특정 건축재료, 목적 Construction in specific materials & purposes [KDC 543]

.5 콘크리트공학 Concrete

철근콘크리트설계

.542 P.S콘크리트 공학 Prestressed concrete

.71 철골구조 Iron & steel(Ferrous metals)

철골구조학

.834 건축의 음향설계 Acoustical insulation(Soundproofing)

694- 목구조(木構造) Wood construction Carpentry

목조건축 [KDC 544]

695- 지붕설비 Roof covering [KDC 545.3]

696- 건축설비 Utilities [KDC 546]

.1 연관(鉛管)· 파이프의 부설 Plumbing

.12 수도파이프 Water supply

급수파이프

.13 배수파이프 Water drainage

.2 가스파이프 Pipe fitting·gas fitting

697- 난방, 환기, 공기조절 Heating, ventilating, air-conditioning...

[KDC 547]

실내환경 coditioning engineering

.78 태양열난방 Solar heating

태양열공학 →621.47 Solar engineering

.93 공기조절 Air conditioning

698- 건축상의 세부완성 작업 Detail finishing [KDC 548]

.1 도장작업(塗裝作業) painting

.6 도배 Paperhanging

[699]- XXX

700 예술

700-	**예술·미술 The arts fine & decorative arts [KDC 600]**
	700.1-.9는 표준세구분한다.
.1	예술철학 및 이론 Philosophy & theory of the art
701-	장식예술철학 및 이론 Philosophy & theory of fine & decrative arts [KDC 600.1]
.1	이해적 관점 Appreciative aspects
.15	예술심리학 Psychological principles
.17	예술미학 Aesthetics (미학철학 → 111.85)
.18	예술비평·감상 Criticism & appreciation
.85	색채학 Color
702-	잡저 Miscellany of fine decorative arts [KDC 600.2]
703-	미술사전 Dictionaries, encyclopedias, ... [KDC 600.3]
704-	예술특별논제 Special topics in fine & decorative arts... [KDC 600]
.9	도(해)상학 Iconography
.94	예술의 주제 Specific subjects
705-	정기간행물 Serial publication of fine... [KDC 600.5]
706-	조직 및 경영 Organizations & management of fine... [KDC 600.6]

707- 교육 연구 논제 Education, research, related topics [KDC 600.7]

.4 국전도록 Temporary & traveling collections...

708- 미술관, 박물관, 개인수집품 Galleries, museums, private collections... [KDC 600.8]

*.1 아시아

*.11 한국

*.12 중국

*.13 일본

.2 영국과 미국

709- 역사, 지리, 전기 Historical, geographic, ... [KDC 600.9]

.04 20세기 예술 20th century, 1900-1999

현대예술 Modern art

.04058 최소주의 Minimalism

.04075 개념예술 Conceptual art

.0408 합성미디어 Specific composite media

.0409 외부예술 Outsider art(Art brut)

.05 21세기 예술 21st century, 2000-2099

.3-.9 각국예술사 지리구분 930-999와 같이 구분한다.

예: 한국미술사 709.51

710- 도시계획, 조경 Area planning & landscape...

[KDC 539.7, 525.9]

711-	도시계획 Area planning (Civic art) [KDC 539.7]
.4	도시계획론 Local community(Cit) planning
	도시론
.558	관광개발방법론 Recreational areas
	관광시설계획
.58	주거(주택) Residential areas
712-	조경술(造景術) Landscape architecture [KDC 525.9]
	조원(造園) Landscape architecture(Landscape design)
	조경학(造景學). 경관론(景觀論)
.2	조경학개론 Principles
	조경설계
.6	정 원 Private parks & grounds
713-	도로조경 Landscape architecture of trafficways [KDC 525.9]
714-	조경과 물 Water features in landscape... [KDC 525.9]
715-	조경과 수목 Woody plants in landscape... [KDC 525.9]
716-	조경 장식용 화초 Herbaceous plants in landscape...
	[KDC 525.9] (잔디 화초(花草))
717-	조경과 구조물 Structures in landscape... [KDC 525.9]
718-	묘지조경 설계 Landscape design of cemeteries [KDC 525.9]
719-	자연경관 Natural landscapes [KDC 525.9]
.32	국립공원 Public parks & natural monuments

720- 건축술(建築術) Architecture(KDC 540)

.44 임시건물 Portable & temporary buildings

.4724 태양에너지건축 Use of solar energy

.9 건축사 Historical, geographic, persons treatment

지리구분 940-999와 같이 구분한다.

예: 한국건축사 720.951

721- 건축구조 Architectural structure는 690.1로 분류한다.

[KDC 545]

722- 고대건축 Architecture to ca.300 [KDC 540.09202]

723- 중세건축 Architecture from ca.300 to 1399 [KDC 540.09203]

724- 근세건축. 르네상스건축 Architecture from 1400

[KDC 540.09204] *725-728 특정한 건축유형

725- 공공건물 Public structures [KDC 549.3, 549.5-6]

.1 정부건물 Government buildings

.2 상업용 건물 Commercial & communications buildings

.3 교통용 건물 Transportation & storage buildings

.37 농촌건물 Agricultural buildings

.4 공업용 건물 Industrial buildings

.5 의료·사회복지건물 Welfare & health buildings

.6 교도소건물 Correctional institutions

.7 음식점, 식당건물 Refreshment facilities & park ...

.8 오락건물 Recreation buildings

726-	종교건물 Buildings for religious purposes [KDC 549.2]
.5	교회건물 Buildings associated with christianity
.796	수도원건물 Cloisters
727-	교육용건물 Buildings for educational [KDC 549.37, 549.4]
.6	박물관건물 Museum buildings
.8	도서관건물 Library buildings
728-	주거용 건물 Residential & related buildings [KDC 549.7]
.31	공동(다세대)주택 Multiple dwellings
.370472	태양열주택 Solar houses
.5	호텔 및 모텔 Hotels & motels
729-	건축의장, 장식 Design & decoration... [KDC 548.9]
.1	수직(연직)면 Design in vertical plane
	직립투상면
	입면·단면
.2	수평투상면 Design in horizontal plane(Plans & planning)
730-	조각 및 관련예술 Sculpture & related arts [KDC 620]
.117	조각(형)미학 Asthetics
.9	조각사 Historical, geographic, persons...
	*지리구분 940-999와 같이 구분한다.
	예: 日本彫刻史 730.953

731- 조각과정, 형식, 주제 Processes, forms, subjects of sculpture [KDC 622]

.2 조각재료 Materials

.4 조각기법 Techniques & procedures

.724 분수조각 Fountains

732- 고대조각 Sculpture to ca.500 [KDC 620.902]

.2 원시시대 조각 Sculpture of nonliterate peoples

733- 그리스, 로마조각 Greek, Etruscan, Roman... [KDC 620.903]

.3 그리스조각 Greek(Hellenic) sculpture

.5 로마조각 Roman sculpture

734- 중세조각 Sculpture from ca.500 to 1399 [KDC 620.903]

*.5 불상(佛像)

735- 근세조각 Sculpture from 1400 [KDC 620.904]

.21 르네상스 조각 1400-1799

.22 19세기 조각 1800-1899

.23 20세기 조각 1900-1999

.24 21세기 조각 2000-

736- 조각, 조각술 Carving & carvings [KDC 623-624, 627]

판화 Engraving (XX 761.2)

.4 목각 Wood

.5 석각 Stone

737-	화폐고전학, 인장학 Numismatics & sigillography [KDC 628]
.4	화폐 Coins
.6	인장(印章)·전각(篆刻) Engraved seals, signets, stamps
738-	세라믹, 도자기예술 Ceramic arts [KDC 626, 631]
*.1	도자기공예
*.11	한국도자기
*.12	중국도자기
*.13	일본도자기
*.15	기타동양제국 도자기
.2	도자기제품 Porcelain
739-	금속조각 Art metalwork [KDC 625]
740-	그래픽아트, 장식미술 Graphic arts & decorative arts [KDC 630-650]
741-	도화, 소묘, 데생 Drawing & drawings [KDC 656-658]
.24	필화 Pencil
.26	잉크, 펜화 Ink, pen drawing
*741.3	서도·서예 Callingraphy (원표 745.6의 변경)
.31-	한국서도
.311	탁본(첩) (拓本(帖)
.312	한국서첩(韓國書帖)
.313	전각(篆刻)서첩(書帖)
.314	해서(楷書)서첩(書帖)

741.315 행서서첩(行草書帖)

.316 기타서첩

.318 한국인 서도 집(韓國人 書道 集)

.32- 중국서도(中國書道)

741.31과 같이 세분한다.

.33- 일본서도(日本書道)

741.31과 같이 세분한다.

.36 펜맨십(書法) Penmanship

서예습자

.361 한글

.362 한자(漢字)

.37 문방구(文房具) Stationery

.371 필·붓

.373 묵(墨)·먹

.375 석(碩)·석재(碩材)

.39 서양서도(西洋書道)

.5- 만화책 Comic books, graphic novels, fotonovelas, cartoons, ...

.6- 상업미술 Graphic design, illustration, commercial art

그래픽디자인, 삽화

.67- 광고, 선전, 포스터 Advertisements & posters

.672 패션드로잉 Fashion drawing

.674 상업포스터(광고) Dommercial posters

.682 캘린더 Calendars

742- 원근화법(遠近畵法) Perspective in drawing

투시화법 [KDC 652.1, 656.21]

743- 주제별 도화 Drawing & drawing by subject [KDC 656-658]

.4 인물화 Drawing human figures

인체드로잉·인체데생·해부도

.49 인체구조·인체골격 Anatomy for artists

.6 동물화 Drawing animals

.7 식물화 Drawing plants

[744]- XXX

745- 장식미술 Decorative art [KDC 632-635, 637, 640, 658]

.1 골동품 Antiques

.2 산업미술·디자인 Industrial art & design

.4 응용디자인 Pure & applied & decoration

공예디자인·문양(文樣)·의장(意匠)디자인

.5- 공예, 수공예, 수예 Handicrafts

상공미술전람회도록·산업디자인도록

.51 목공예 Woods

.56 금속공예 metals

.5946 분수공예 Fountains

.61 서도.서예 Calligraphy *741.3도 보라. [KDC 640]

.92 꽃꽂이 Floral arts, flowers arrangement

746- 직물예술·직물공예 Textile arts [KDC 636]

.4 수편물 Needlework & handwork

.422 매듭·끈목 Knotting

.432 뜨개질 Knitting

.44 자수(수놓기) Embroidery

.92 복장, 의상, 의복 Costume

패션디자인 Fashion design

747- 실내장식 Interior decoration [KDC 619.5]

[.2] 장식미술사 → 747.09 Historical, geographic, persons treatment

748- 유리장식제품 Glass [KDC 631.9]

.2 유리제품 Glassware

.5 色유리 Stained, painted, leaded, mosaic glass

749- 가구 및 부속품 Furniture & accessories [KDC 638]

750- 회화 Painting & paintings [KDC 650]

.117 회화미학 Aesthetics

751- 기법, 절차, 장치 Techniques, procedures, apparatus, ... [KDC 652]

.2 회화재료 Materials

.45 유화 Oil painting

752- 색채이론 및 실제 Color [KDC 651]

색채론

753- 상징화, 풍유화, 신화, 전설 Symbolism, allegory, mythology, legend [KDC 654.1]

754- 풍속화 Genre paintings [KDC 654.3]

755- 종교화 Religion [KDC 654.2]

역사화 Historical events → 758.99

[756]- XXX

757- 초상화 human figures [KDC 654.5]

.22 누드화 Nudes

758- 기타주제 Other subjects [KDC 654.4, 654.9]

.1 풍경화 Landscapes

.2 해양(바다)화 Marine scenes & seascapes

.3 동물화 Animals

.4 정물화 Still life

.5 식물화 Plants

759- 역사, 지리, 전기 History, geographics, ... [KDC 653]

*.1 동양회화 Oriental painting

*.11- 한국회화 Korean painting

*.111 동양화

.112 서양화

*.12- 중국회화 Chinese painting

.121 동양화

.122 서양화

*.13- 일본회화 Japanese painting

759.131 동양화

.132 서양화

＊ .14- 인도회화 Indian painting

＊ .15 기타 동양회화

.2 영(英)·미(美) 회화

.21- 미국 회화 U.S painting

.211 캐나다 회화

.22- 영국 회화 England

.3- 독일 회화 German. 오스트리아회화 Austria

.4- 프랑스 회화 French

.5 이탈리아 회화 Italian

.6 스페인 회화

.7- 러시아 회화

.8 스칸디나비아 회화

.94-.99 기타국가별 회화

759.1-.8을 제외하고 759.9에 지리구분을 부가한다.

예: 유럽의 회화 759.94

네덜란드 회화 759.9492

벨기에 회화 759.9493

아프리카 회화 759.96

760- 판화·인쇄 Printmaking & prints [KDC 659]

761- 부조각(浮彫刻)·양각 Relief processes(Block printing) [KDC 622.6]

.2 목판화 Wood engraving

[762]- XXX

763- 석판화 Lithographic(planographic) processes [KDC 659.4]

764- 착색, 다색, 석판화 Chromolithography & serigraphy [KDC 659.4]

.8 실크스크린인쇄 Serigraphy

765- 금속판화 Metal engraving [KDC 659.5]

766- 메조틴트판화 Mezzotinting, aquatinting, ... [KDC 659.5]

아쿼틴트판화 Aquatinting

767- 부식판화, 동판조각 Etching & drypoint [KDC 659.5]

[768]- XXX

769- 인쇄 판화 Prints [KDC 659]

770- 사진술(寫眞術), 컴퓨터아트 Photography, computer art... [KDC 660]

.1 사진철학 및 이론 Philosophy & theory

.2 사진잡저 Miscellany

771- 기법, 절차, 장치 Techniques, procedures, apparatus, ...
[KDC 661]

.3 사진기 및 보조품 Cameras & accessories

.5 사진화학재료 Chemical matericals

772- 사진의 금속염처리 Metallic salt processes [KDC 660.13]

773- 사진의 착색처리 Pigment processes of printing [KDC 660.13]

774- 레이저(입체)사진술 Holography [KDC 666.8]

775- 디지털사진 Digital photography [KDC 666.8]

776- 컴퓨터아트(예술) Computer art(Digital art) [KDC 666.8]

777- 영화촬영술, 비디오촬영술 Cinematography & videography
[KDC 666-667]

.5 요소와 방법 Elements & modes

.7 영화제작 Animation

778- 특수사진술 Specific fields & kind of photography...
[KDC 666-667]

[.5] 영화, 비디오사진술 Cinematography, video production, ...
→ 재배치 777에 분류한다.

.6 칼라사진술 Color photography

.9 특정한 주제의 사진술 Photography of specific subjects

779- 사진집 Photographs (KDC 668)

.21 누드사진 Nude photography

780-	음악 Music [KDC 670]
.1	철학 및 이론 Philosophy & theory
.26	악보 Texts; treatises on music scores & recordings
.266	음악음반 Sound recordings of music
.7	음악교육, 연구 Education, research, performances, ...
.76	문제집 Review, exercises, ...
.78	음악회, 연주회, 독창회 Performances(Concerts & recitals)
.9	음악사 Historical, geographic, person treatment
.901	고대음악 Ancient times through 499
.902	중세음악 500-1499 Medieval music
.903	근세음악 1450- Modern music
.904	20세기음악 1900-1999
.905	21세기음악 2000-2099
.92	음악가 Persons associated with music
	음악비평 Critics
.94	서양음악, 유럽음악 Music of Europe Western Europe
781-	음악이론 및 형식 General principles & musical forms
	음악통론 [KDC 671-672, 679]
.1	기초이론 Basic principles of music
.11	음악심리학 Psychological principles
.17	음악예술 Artistic principles
	음악미학 Aesthetics

781.2	음악의 요소 Elements of music
	과학적 원리 Scientific principles
.23	음악음향학 Musical sound
.24	멜로디 melody
.25	화성학(和聲學) Harmony
.286-	대위법(對位法) Counterpoint
.3	작 곡 Composition
.34	컴퓨터작곡 Computer composition
.4-	음악기법 Techniques of music
.43	연주기법 Performance techniques
.436	이조(移調) Transposition
.45-	지휘법 Conducting
.47	반주 Accompaniment
.49	레코드음악 Recording of music
.5	음악의 종류 Kinds of music
.542	영화음악 Film music
.544	라디오음악 Radio music
.546	텔레비전음악 Television music
.554-	무용음악 Dance music
.56	표제음악 Program music
.587	결혼행진곡 Weddings & marriage

781.6	전통음악 Traditions of music
.62	민속음악·가요 Folk music
.63-	대중음악(유행가) Popular music
.648	전자음악 Electronica
.65	재즈음악 Jazz
.66	록음악 Rock(Rock 'n' roll) music
.68	서양고전음악 Western art(Classical) music
.7	종교음악 Sacred music
.72	교회음악 Music of christian church year
.723	성탄절음악 Christmas day
.8	음악의 형식 Musical forms
782-	성악 Vocal music [KDC 673-674]
.1	극음악·가극 Dramatic vocal forms Operas
.12	오페레타 Operattas
.14	음악극, 뮤지컬극 Musical plays
.27	찬송가 Hymns
.28	축가, 송가 Carols
.42	가곡 Songs
.5	합창 Mixed voices. chorus

783- 독창음성, 합창, 합창곡 Music for single voices The voice [KDC 673.2-3]

.1 독창 및 중창 Single voice in combination

.12 2중창 Duets

.13 3중창 Trios

.14 4중창 Quartets

.2 독창 Solo voice

784- 기악합주 Instruments & instrumental ensembles [KDC 675]

.183 소나타 Sonata form & sonatas

.184 교향곡 Symphonies

.1856 세레나데 Serenades

.186 협주곡 Concerto form

.2 교향악단·관현악단 Full orchestra(Symphony orchestra)

.3 실내교향악 Chamber orchestra

.6 전자음악대 Keyboard, mechanical, electronic, ...

.68 악대 Percussion band

.84 군악대 Military band

785- 합주곡·앙상블 Ensembles with one instrument... [KDC 675] 실내악 chamber music

.12 2중창 Duets

.13 3중창 Trios

.14 4중창 Quartets

786-	건반악기, 전자악기, 타악기 Keyboard, mechanical, electronic, ... [KDC 676]
.2-	피아노 Pianos
.5-	오르간 Kyboard wind instruments Organs
.59	전자오르간 Electronic organs
.7	전자악기 Electrophones electronic instruments
.76	컴퓨터음악 Computers
.8	타악기 Percussion instruments
.9	드럼 Drums & devices used for percussive effects
787-	현악기 Stringed instruments (Chordophones) [KDC 677]
.2-	바이올린 Violins
.3	비올라 Violas
.4	첼로 Cellos (Violoncellos)
.84	만돌린 Mandolins
.87	기타 Guitars
.88	벤조 Banjos
.9	하프 Harps and musical bows
788-	취주악기, 관악기 Wind instruments (Aerophones) [KDC 678]
.2	목관악기 Woodwind instruments & free areophones
.3	플룻 Flute family
.36	피리·리코더 Recorders

788.7 색소폰 Saxophones

.92 트럼펫 Trumpets

.93 트럼본 Trombones

*789- 한국음악 Korean music [KDC 679 참조]

국악. 악보는 그 주제하에 분류한다.

현대음악 → 780.903

.07 연구, 지도

.09 한국음악사, 국악사

.1- 국악이론 및 기법

악극(樂劇), 악의(樂儀), 악례(樂禮)

.11 음율(音律) Rhythm

.12 기보법(記譜法), 악보기술

.13 악조(樂調), 음악의 가락. 소리의 고저, 높낮이

.14 변조(變調)

.16 장단(長短)

.2 정악(正樂)

.21 궁중음악

.211 종묘제례악

.212 궁중연례악(관악, 영산회상, 평조회상, 수제천, 낙양춘, 보허자악 등)

.22- 풍류방음악

.3- 민속악

.311 민요(경기민요, 서도민요, 동부민요, 남도민요, 제주민요, 강원도민요)

789.312- 판소리(다섯마당(춘향가, 심청가, 흥부가, 수궁가, 적벽가)과 장끼타령, 변강쇠타령, 무숙이타령, 배비장타령, 강릉매화전, 숙영낭자전, 가짜신선타령, 옹고집타령)

.313- 잡가(경기(잡가), 서도(잡가), 남도(잡가), 입창(선소리), 좌청(12잡가), 휘모리(잡가))

.314- 병창(가야금병창, 거문고병창, 기타 병창)

.315- 단가. 고법(판소리를 부르기에 앞서 목을 풀기위해 부르는 짧은 노래)

.317- 광대소리(배뱅이굿, 장대장타령)

.326 농악(풍물놀이)

.4- 창극(춘향전(가), 수궁가, 심청전(가), 적벽가, 구극, 국극)

.5- 창작국악(현대적 기법이 도입된 한국음악을 여기에 분류한다. 예: 퓨전국악

.511- 창작판소리(열사가(유관순열사가, 이준열사가 등))

.512- 독창, 합창

.521- 사물놀이

.6- 타악기 [KDC 679.6]

.61 유율악기(편종. 편경, 특경, 방향, 운라)

.62 무율악기(자바라, 징, 꽹과리, 박, 축, 어, 부, 장고(杖鼓 장구), 갈고, 절고, 좌고, 소고, 용고, 교방고, 노고, 뇌고, 뇌도, 영고, 영도, 노도, 도, 건고, 삭고, 응고, 중고, 무고, 진고, 북, 소리북, 설쇠, 물장구, 허벅, 순, 탁, 요, 영)

789.7-	현악기 [KDC 679.7]
.71	찰현악기(궁현악기: 해금, 아쟁)
.72	발현악기(가야금, 거문고, 향비파, 당비파, 금, 슬, 대쟁, 월금, 수공후, 소공후, 와공후, 완함)
.73	타현악기(양금)
.8-	관악기 [KDC 679.8]
.81	가로로 부는 악기(대금(大金), 중금(中金), 소금(小金), 당적), 지(篪))
.82	세로로 부는 악(생황, 향피리, 세피리, 당피리, 쌍피리, 태평소, 약, 적, 소, 퉁소, 단소, 나각, 나발, 훈)
.9-	동양전통음악 Oriental traditional music
.92-	중국전통음악 대례악, 주송아악(벽옹, 향, 사, 육종, 사직, 용악 등), 성명악, 중문고 취악, 군신연회악 등을 포함한다.
.921-	중국민족음악
.93-	일본전통음악
.931-	일본민족음악
790-	레크리에이션, 공연예술 Recreational & performing arts [KDC 680-690]
.01	철학 및 이론 Philosophy & theory
.1	레크리에이션 관련활동 General kind of recreational activities
.13	취미 Activities generally in by individuals, hobbies

791-	대중공연 Public performances [KDC 683, 686-689]
* .1	한국극
* .11	가면극 탈춤. 산대놀이. 들놀음(이). 판소리. 창극. 마당극놀이
* .2	중국극
* .3	일본극
* .31	가부키(歌舞伎)
* .32	노(能)·분라쿠(文樂)·교겐(狂言) 등을 포함한다.
.4	영화, 라디오, 텔레비전 Motion pictures, radio, television
.43	영 화 Motion pictures
.437	영화필름 Films
.44	라디오劇 Radio
.45	텔레비전劇 Television
.5	인형극, 꼭두각시놀음 Puppetry & toy theaters
.6	구경거리 Pageantry
.66	미인선발대회 Beauty contests
.8	동물극 Animal performances
792-	무대공연, 상연 Stage presentations, theater 연극, 극장 [KDC 681-682, 684]
.015	비평·감상 Criticism & appreciation
.025	연극조명 Setting. lighting
.028	연기, 배우술 Acting & performance

792.1	비극과 진지한극 Tragedy & serious drama
.12	비극(悲劇) Tragedy
.2	희극과 애정극 Comedy & melodrama
.23	희극, 코메디 Comedy
.27	애정극 Melodrama
.3	판토마임 Pantomime
.5	오페라 Dramatic vocal forms Opera
.6	뮤지컬극 Musical plays
.76	서서하는 희극 Stand-up comedy
.78	연극무용 Theatrical dancing
.8	발레 및 현대무용 Ballet & modern dance
	무용·극음악의 무대표현
.82	안무(按舞) Choregraphy
.9	무대제작 Stage productions
793-	실내게임 Indoor games & amusements [KDC 691]
	실내경기와 오락·여흥(餘興) Amusements
.2	파티 및 연회 Parties & entertainments
.3	사회, 민속, 국민무용 Social, folk, national dancing
.31	민속무용, 국민무용 Folk & national dancing
.33	사교댄스 Ballroom dancing (Round dances)
.5	요술 Forfeit trick games

793.73	알아맞히기 놀이 Puzzles puzzle games
	퍼즐게임
.8	마술 Magic & related activities
794-	실내기능게임 Indoor games of skill [KDC 691]
.1	체스 Chess
	장기
.2	첵커 Checkers(Draughts)
.22	연주(聯珠)
.23	윷놀이
.3	다트·창·화살 Darts
.4	바둑 Go
.6	볼링 Bowling
.72	당구 Billiards
	탁구 → 796.346
.8	전자게임·컴퓨터게임 Electronic games Computer games
795-	찬스게임 Games of chance [KDC 691]
.1	주사위 Games with dice
.27	슬롯머신 Slot machines
.32	도미노게임 Dominoes
.34	마작 Mah jong
.36	빙고 Bingo
.4	카드게임 Card games
	트럼프 Trump. 화투

796-	체육, 스포츠 Athletic & outdoor sports & games
	[KDC 692-695, 697-699]
.01	철학 및 이론 Philosophy & theory
.068	운동장 Facilities, playgrounds, stadiums
	체육관, 시설일반
.07	체육교육, 연구 Education, research, ...
.77	코치 Coaching
	심판·트레이닝 Training
.158	연날리기 Kites
.16	로봇놀이 Play with robots
.21	롤러스케이팅 Roller skating
.3	구기(球技) Ball games
.312	송구(送球) Handball
	핸드볼
.323	농구 Basketball
.325	배구 Volleyball
.327	팀송구 핸드볼 Team handball
.332	미식(美式)축구 American football
.333	럭비 Rugby Union
.334	축구 Soccer(Association football)
.342-	테니스 Tennis(Lawn tennis)
.345	배드민턴 Badminton

796.346	탁구 Table tennis
.352-	골프 Golf
.355	필드하키 Field hockey
.356	하키 Hockey
.357	야구 Baseball
.3578	연식야구 Variants of baseball·Softball
.358	크리켓 Cricket
.4-	체조 Weight lifting, track & field, gymnastics
.41	역도 Weight lifting
.42	육상경기 Track & field
.4252	마라톤 Marathon
.426	허들(장애물경기), 장애물경마 Hurdles & steeplechase
.43	도약경기 Jumping, vaulting, throwing
.432	높이뛰기 Jumping
.434	넓이뛰기 Pole vaulting
.435	투반경기 Throwing
	투포환, 투함마, 투창, 투원반
.44-	체조경기 Gymnastics
	리듬체조 rhythmic gymnastics
	철봉. 평행봉 horisontla bars. Parallel bars
.46	그네 Trapeze work, rope climbing, tightrope walking
	줄타기 Trapeze work, rope climbing, tightrope walking

796.47 덤블링 Tumbling, trampoling, acrobatics, contortion
.48- 올림픽경기 Olympic games
.5- 야외스포츠 Outdoor life
.51 보행 Walking
.522- 등산 Mountains, hills, rocks
.524- 보행, 답사 Canyons & other depressions
.54 캠핑 Camping
.6- 자전거타기 Cycling & related activities
사이클
.62 자전거경기 Bicycle racing
.72 자동차경기 Automobile racing
.75 오토바이경기 Motorcycle & motor scooter racing
.8 격투스포츠 Combat sports
.812 레슬링. 씨름 Wrestling
.815 동양무예유형 Oriental materials arts forms
.8152 유도 Judo
.8153 가라데(공수도) Karate
.8154 합기도 Aikido
.8157 태권도, 택견 Taekwondo
.8159 쿵후 Kempo & Kung
.83 복싱(권투) Boxing

796.86	펜싱(검도) Fencing, Kemdo
	창술·봉술 Sword fighting. Bojutsu
.9	동계운동경기 Ice & snow sports
.91	아이스 스케이팅 Ice skating
.93	스키타기 Skiing & snowboarding
	수상스키 → 797.35
.95	썰매타기, 연안 항행 Sledding & coasting
.96	빙상경기 Ice games
.962	아이스하키 Ice hackey
.963	공을치고 받다 Bandy
.965	빗자루와 배구공아이스하키 Broomball
.966	캐나다여성아이스하키 Ringette
.98	동계올림픽 Winter Olympic games
797-	수상경기 Aquatic & air sports [KDC 696]
.1	보트타기 Boating
.122	카누 Canoeing
.125	모터보트 Motorboating
.1256	요트 Yachting
.14	보트경기 Boat racing & regattas
.21	수영 Swimming
.23	잠수 Underwater swimming
24	다이빙 Springboard & platform diving

797.252 수구(水 球) Water polo

.33 윈드서핑 Windsurfing(Boardsailing Sailboarding)

.35 수상스키 Water skiing

.5 공중스포츠 Air sports

번지점프 Bungee jumping

798- 승마스포츠 Equestrian sports & animal racing [KDC 698.6]

.2 승마술 Horsemanship

.23 승마 Riding

.242 이벤트행사 Eventing

.4 승마경기 Horse racing Flat racing

.8 개경기 Dog racing

799- 낚시, 수렵, 사격 Fishing, hunting, shooting
[KDC 698.7, 699.5, 699.7]

.1 낚시 Fishing

.11 민물낚시 Freshwater fishing

.16 바다낚시 Saltwater fishing

.2 수렵(사냥) Hunting

.21 사격 Shooting game

.312 사격연습 Shooting at stationary targets

.32 활쏘기(弓術) Shooting with bow & arrow(Archert)

800 문학

800-	**문학, 수사학 Literature & rhetoric [KDC 800]**
801-	철학 및 이론 Philosophy & theory [KDC 801]
	문학이론·문학개론
.92	문학심리 Psychology
.93	문예미학 Aesthetics
.95	문학비평론 Criticism
802-	잡저 Miscellany [KDC 800.2]
803-	문학사전 Dictionaries, encyclopedias
	문예사전 [KDC 803]
[804]-	XXX
805-	연속간행물 Serial publications [KDC 805]
806-	조직 및 경영 Organizations & management [KDC 806]
807-	교육, 연구 Education, research, related... [KDC 807]
808-	수사학(修辭學), 전집, 총서 Rhetoric & collections of literature
	[KDC 802, 808]
.025	표절 Plagiarism
.027	편집기법 Editorial techniques
.03	기본수사학 Specific elements of rhetoric
.042	영작문 Rhetoric in English

808.06 논문작성법 Rhetoric of specific kinds of writing

.1 시론(時論)·시작법(詩作法) Rhetoric of poetry

.2 희곡(戲曲)·극작법(劇作法) Rhetoric of drama

드라마작법

.22 라디오·텔레비전드라마작법 Radio, television play writing

.23 시나리오작법 Motion-picture play writing

.241 단막극작법 One-act play writing

.3 소설·소설작법 Rhetoric of fiction

.31 단편소설작법 Short-story writing

.4 수필작법 Rhetoric of essays

.5 연설법 Rhetoric of speech

웅변법

.512 식사후의 연설 Toasts & after-dinner speeches

.53 토론 Dabating

.6 서한문 Rhetoric of letters

.7 풍자 Rhetoric of humor & satire

.8 전집·총서 Collections of literary texts...

예: 세계시인전집

.81-.88 특정한 유형 전집, 총서 Collections in specific forms

.81 시(時) Collections of poetry

예: 세계시인전집

808.82 희곡 Collections of drama

예: 세계희곡전집·세계연극선집

.83 소설 Collections of fiction

예: 세계단편문학전집

.84 수필 Collections of essays

예: 세계수필문학전집

.85 연설 Collections of speeches

예: 세계연설전집

.86 서한 Collections of letters

예: 세계서한집

.87 풍자 Collections of humor and satire

예: 세계유머문학전집

.882 인용구집, 웃음 Anecdotes, epigrams, graffiti, jokes, quotations

경구(警句) Epigrams

격언

809- 역사, 해설, 비평 History, description, criticism [KDC 809]

.1-.7 특정한 유형문학 Literature in specific forms

.1 시(時)

예: 세계의 시(History of world poetry)

.2 희곡

예: 세계의 희곡(The modern drama)

809.3 소설

.9 특수분야에 관한 문학비평

Literature displaying specific features

.933 특수주제에 관한 문학비평

Literature dealing with specific thems & subjects

예: 역사문학론

.98 잡문학 Miscellaneous writings

*810- 동양문학 Oriental literature(원표 895의 변경)

한국문학 811 중국문학 812 일본문학 813

*810-817 동양관계세분전개

*811- 한국문학 Korean literature (KDC 810 참조) (원표 895.7의 변경)

.01-07 표준세구분

.08 전집

.081 개인의 문집. 별집

.082 2인 이상 저자의 총집. 합집. 선집

.09 문학사. 문학평론

.1- 한국시(時)

.11 향가(신라시가) 혜성가. 풍요, 원왕생가, 헌화가, 원가, 도솔가, 제망매가, 처용가 등

.12 가사

.123 고려가사

.124 조선가사, 내방가사(규방가사)

811.13 시조. 평시조. 연시조. 엇시조. 단시조. 장시조. 사설시조

.134 고시조(조선시대)

.135 현대시조(갑오개혁 이후)

.14 민요. 속요(俗謠)

.15 현대시

.18 동시. 동요(童謠)

.2- 한국희곡

.21 고대희곡

가면극·산대도감극(山臺都監劇)등의 문학을 포함한다.

.22 라디오 및 텔레비전각본

.222 라디오각본

.225 텔레비전각본

.23 영화각본

.3- 소설

.31 고대소설 및 신소설 ~1917

.311 고대소설 -1894

.312 신소설 1894-1917

.32 현대소설 1917-1999

.321 현대소설 1917-1945

.322 현대소설 1945-1999

.33 현대소설 2000-

811.38 동화(童話)

우화를 포함한다.

.4- 한국수필

.5- 한국연설. 웅변. 대화. 담화. 축사. 조사

.6- 한국서간·일기·기행

.7- 한국풍자·유머

.8- 기타 잡문(雜文)

.9- 한국한문학(漢文學)·고전문학(古典文學)

각 주제하에 넣거나 한문학에서 문학형식구분에 의하여 분류하시오.

예: 한문소설 811.31, 811.93

.91- 한시(漢詩)

.93- 한문소설

.96- 한문기행. 언행록

*812- 중국문학 Chinese literature (KDC 820 참조)

(원표 895.1의 변경)

.01-07 표준세구분

.08 전집

.081 개인의 문집. 별집

.082 2인 이상 저자의 총집. 합집. 선집

.09 중국문학사. 중국문학평론

.1- 중국시(時)

.101-107 표준세구분

812.109 시사(詩史) 및 평론

.13 상고시대

.14 진(秦)·한(漢). 위진남북조(魏晉南北朝), 수당(隋唐)시대

.15 송(宋). 원(元). 명(明)시대

.16 청시대(淸)

.17 민국(民國) 1912-1949

.19 현대시

.2- 중국희곡

.3- 중국소설

.31 상고시대 -221 B.C.

.32 진(秦). 한(漢). 위(魏). 촉(蜀). 오(吳). 진(晋). 남북조(南北朝). 수(隋)시대 221 B.C.-618 A.D.

.33 당(唐). 오대십국(五代十國)시대 960-1912

.34 송(宋). 원(元). 명(明). 청(淸)시대 960-1912

.35 1912-2009

.351 1912-1949

.352 1949-2009

.36 2010-

.4- 중국수필·소품·평론

.5- 중국연설·웅변. 대화집. 담화(談話). 축사(祝辭). 조사(弔辭) 등을 포함한다.

.6- 중국서간·일기·기행

812.7- 풍자·유머

.8- 잡문학(雜文學)·산문(散文)

.9- 문집(文集)

*813- 일본문학 Japanese literature (KDC 830참조)

.01-07 표준세구분

.08 전집

.081 개인의 문집. 별집

.082 2인 이상 저자의 총집. 합집. 선집

.09 일본문학사. 일본문학평론

.1- 일본시

.101-107 표준세구분

.109 시사(詩史) 및 평론

.11 와카(和歌). 렌가(蓮歌). 만요슈(萬葉集)

.12 하이쿠(俳句). 하이카이(俳諧)

.13 잡파이(雜俳). 센류(川柳)

.14 민요

.15 현대시

.2- 일본희곡(드라마)

.3- 일본소설

.31 나라(奈良). 헤이안(平安)시대 -1185

.32 중세시대. 가마쿠라(鎌倉). 무로마치(室町)시대 1185-1603

.33 에도(江戶)시대 1603-1868

813.34	메이지(明治). 다이쇼(大正)시대. 쇼와(昭和)전기 1868-1945
.35	쇼와(昭和)후기. 헤이세이(平成)시대 1945-1999
.36	헤이세이(平成). 레이와(令和)시대 2000-
.4-	일본수필
.5-	일본연설. 대화집
	담화(談話). 축사(祝辭). 조사(弔辭) 등을 포함한다.
.6-	일본서간. 기행문
.7-	일본풍자. 유머
	만담(漫談). 소화(笑話) 등을 포함한다.
.8-	기타 일본 잡문학
	인용구. 경구. 표어. 일화집. 회고록. 산문. 수기 등을 포함한다.
.82	일화집. 풍자시. 어록. 인용문
.83	일기. 회고록
.87	수기. 경험담
.88	산문
.89	특정인을 위한 작품집. 특정인들의 작품집
.9-	일본한문학(漢文學)
	문학형식구분에 따라 전개한다.
.91	한시(漢詩)
.93	한문소설(漢文소설)

*814- 인도문학 Indian literature (원표 891참조) [KDC 892.5]

.1 인도-이란문학 Indo-Iranian literatures

.2 산스크리트문학 Sanskrit literature

.3 중세인도문학. 프라크리트문학 Middle Indic literatures

.37 팔리문학 Pali literatures

.4 현대인도문학 Modern Indic literatures

.5 이란문학 Iranian literatures

.55 현대페르시아문학 Modern Persian(Farsi)literature

*815- 티베트文學·오스트로-아시아文學 [KDC 896]

*815-819는 415-419와 같이 구분한다.

.4 티베트문학

.5 히말라야문학

.8 미얀마문학

.91 태국문학

.92 안남(安南)문학 (베트남문학)

.95 문다文學

*816- 퉁구스·몽고·터키문학 [KDC 839]

.1 퉁구스문학

.2 몽고문학

.3 터키문학

*817- 세마이트문학 [KDC 897]

.1 애럼문학

.19 앗시리아 문학·바빌로니아문학

.2 캘디아문학

.3 시리아문학

.4 히브리문학(유태문학)

.5 사마리아문학

.6 페니키아·포에니·카르타고문학

.7 아라비아문학

. 8 이디오피아문학

.9 히마라이트(미네오세이비아문학)문학

*818- XXX

*819- xxx

820- 영미(英美)문학 American, English literatures [KDC 840]

820.1-.9는 표준세구분한다.

예: 영문학사 820.9

821- 시(時) English poetry [KDC 841]

822- 희곡 English drama [KDC 842]

.33 셰익스피어 William Shakespeare

823- 소설 English fiction [KDC 843]

824- 수필 English essays [KDC 844]

825- 연설·웅변 English speeches [KDC 845]

826- 서한·일기 English letters [KDC 846]

827- 풍자·유머 English humor & satire [KDC 847]

828- 잡문학 English miscellaneous writings [KDC 848]

829- 고대영문학 Old English(Anglo-Saxon) literature
앵글로색슨문학 [KDC 849]

830- 독일문학 Germanic literature [KDC 850]
831-838은 820과 같이 구분한다.

839- 기타게르만문학 Other germanic literature [KDC 859]

.3 네덜란드문학 Netherlandish literature

.7 스웨덴·스위스문학 Swedish literature

.81 덴마크문학 Danish literature

.82 노르웨이문학 Norwegian literature

840- 프랑스문학 French literature [KDC 860]
841-848은 820과 같이 구분한다.

849- 프로방스문학 Occitan, Catalan, literature [KDC 869]

.9 캐탈로니아문학 Catalan literature

850- 이탈리아문학
Italian, Romanian & related literature [KDC 880]
851-858은 820과 같이 구분한다.

859- 루마니아문학 Rumanian & related literature[KDC 889]

.9 라이티아문학 Literatures of Rhaetian, Sardinian,
Corsican languages 사르디니아 섬, 코르시카 섬

860- 스페인, 포르투갈 Spanish Portuguese, Galician... [KDC 870]
멕시코·콜롬비아·아르헨티나 문학

869- 포르투갈, 갈리시아 문학 Portuguese literature [KDC 879]

.9 갈리시아문학 Galician literature

870- 라틴문학, 고대이탈리아 문학 Latin & Italic literature [KDC 892.2]

871- 시(時) Latin poetry [KDC 892.2]

872- 희 곡 Latin dramatic poetry & drama [KDC 892.2]

873- 서사시, 소설 Latin epic poetry & fiction [KDC 892.2]

874- 서정시 Latin lyric poetry [KDC 892.2]

875- 연설 Latin speeches [KDC 892.2]

876- 서한·일기 Latin letters [KDC 892.2]

877- 풍자·유머 Latin humor & satire [KDC 892.2]

878- 잡문학 Latin miscellaneous writings KDC 892.2]

879- 기타라틴문학 Literature of other Italic... [KDC 892.2]

880- 고대그리스 문학 Classical Greek & related...
그리스·로마문학 [KDC 892.1]
881-888은 870과 같이 구분한다.

881- 시(時) Classical Greek poetry [KDC 892.1]

882- 희곡 Classical Greek dramatic poetry & fiction [KDC 892.1]

883- 서사시, 소설 Classical Greek epic poetry & fiction [KDC 892.1]

884- 서정시 Classical Greek lyric poetry [KDC 892.1]

885- 연설, 웅변 Classical Greek speeches [KDC 892.1]

886- 서한, 일기, 기행 Classical Greek letters [KDC 892.1]

887- 풍자·유머 Classical Greek humor & satire [KDC 892.1]

888- 잡문학 Classical Greek miscellaneous writings [KDC 892.1]

889- 현대그리스문학 Modern Greek literature [KDC 892.1]

890- 기타언어문학 Literatures of other... [KDC 810-830, 890]

891-899는 490과 같이 구분한다.

예: 러시아문학 891.7 이집트문학 893.1

891- 동인도-유럽계문학 East Indo-European & cletic literatures [KDC 892] *814 참조

.43 인도문학 Western Hindi literature Hindi literatures

.489 스리랑카문학 Sri Lanka(Ceylon) literature

.492 인도-아리안어문학 Literatures of east central zone of Indo-Aryan languages(Eastern Hindi literatures)

.496 파하리문학 Pahari literatures

.83 크로아티아·보스니아문학 Croatian & Bosnian literatures

892- 아시아, 아프리카문학 Afro-Asiatic literatures [KDC 897]

893- 비셈족문학 Non-semitic Afro-Asiatic... [KDC 898]

894- 알타이, 우랄, 북극, 드라비다문학 Altaic, Uralic, Hyperborean, Dravidian [KDC 839.4]

.57 사모스문학 Samos(Samos)literatures

.89 남부아시아 잡문학 Literatures of miscellaneous languages of south Asia

895- *810 동양문학 참조하시오.

896- 아프리카문학 African literatures [KDC 896]

897- 북아메리카문학 North American native... [KDC 894]

898- 남아메리카문학 South American native... [KDC 895]

899- 오스트로네시아문학, 기타문학 Austronesian Literatures [KDC 899]

900 역사 및 지리

900-	**역사 및 지리 History, geography & auxiliary disciplines [KDC 900]**
901-	역사철학 및 이론 Philosophy & theory [KDC 901]
902-	잡저 Miscellany of history [KDC 900.2]
903-	역사사전 Dictionaries, encyclopedias [KDC 903]
904-	사건기록모음 Collected accounts of events [KDC 900]
905-	연속간행물 Serial publications of history [KDC 905]
906-	조직과 경영 Organizations & management [KDC 906]
907-	교육, 연구 Education, research, ... [KDC 907]
.2	역사연구 Historical research
	사료편찬 Historiography
908-	특정인물 관련 역사 History with respect to groups of people [KDC 900]
909-	세계사 World history [KDC 909]
	세계문화사 Civilization
.83	21세기 century, 2000-2099

910-　지리, 여행 Geography & travel [KDC 980]

관광, 여행 Travel

인문지리학

경제지리 → 330.9

.202　세계여행안내 World travel guides

.3　지명사전 Dictionaries, encyclopedias, concordances, gazetteers

.4　여행기 Accounts of travel & facilities for...

.41　항해, 공중, 육로여행기 Trips around the world

.45　표류기, 항해기 Ocean travel & seafaring adventures

.5-.8　표준세구분 Standard subdivisions

.9　지리학사 Historical, Geographic, persons treatment

911-　역사지리 Historical geography [KDC 902.8]

912-　지도, 지도책 Graphic representations of surface ... atlases, maps [KDC 989]

각국의 지도 930-999와 같이 구분한다.

예: 대한민국지도 912.51

일본지도 912.53

913-　고대세계지리, 여행 Geography of & travel in ancient world [KDC 980]

914-919　지역별 지리, 여행 940-999와 같이 구분한다.

914- 유럽지리, 여행 Geography of & travel in Europe [KDC 982]

.45 이탈리아지리, 여행 Geography of Italian and travel

*915- 아시아지리, 여행 Geography of & travel in Asia [KDC 981]

.1 한국지리, 여행 Geography of Korea & travel

.2 중국지리, 여행

.3 일본지리, 여행

.54 인도지리, 여행

916- 아프리카지리, 여행 Geography of & in Africa travel [KDC 983]

917- 북아메리카지리, 여행 Geography of & travel in North America [KDC 984]

.3 미국지리, 여행 Geography of & travel in United States

918- 남아메리카지리, 여행 Geography of & travel in South America [KDC 985]

919- 기타지역지리, 여행 Geography of & travel in other areas [KDC 986-987]

태평양제도 및 극지 travel in Pacific Ocean ialans

920- 전기(傳記), 계보(系譜), 기장 Biography, genealogy, insignia

세계인명대사전 [KDC 990]

.03-.09 각국의 총전 930-999와 같이 구분한다.

예: 한국인명대사전 920.051

일본인명사전 920.053

.7 성별구분 Persons by sex

.71 남자 Men

.72 여자 Women

921 ** 921-928 미지정 **

922

923

924

925

926

927

928

929- 계보학, 성명, 기장 Genealogy, names, insignia [KDC 999]

.1 계보(족보학) Genealogy

.2 가족사, 가문사 Family histories

.3 계보(족보) Genealogical sources

.42 성 씨 Surnames

.5 기지(墓誌)·비명(碑銘)·비문(碑文)·기진록(忌辰錄) Cemetery records·epitaphs

.6 문장학(紋章學) Heraldry

.7 왕족, 귀족, 상류계급 Royal houses, peerage, gentry...

.71 기사계급 Orders of kinghthood

.8 수상, 훈위, 훈장, 자필(서명) Awards, orders, decorations, autographs

.9 신분증명서, 휘장의 형식 Forms of insignia and identification

.92 국기(國旗) flags and banners, national flags

930- 고대세계사 History of ancient world to ca.499 [KDC 910-990]

.1 고고학 Archaeology

931- 중국고대사는 952.2에 분류하시오. [KDC 912.01-03]

932- 고대이집트 Egypt to ca. 640 [KDC 932.02]

933- 고대유태·팔레스티나 Palestine to 70 [KDC 919.4]

934- 고대인도사는 954에 분류하시오. [KDC 915.01-02]

935- 고대메소포타미아, 이란 Mesopotamia & Iranian... 고대중동 [KDC 919.1, 918.302]

936- 고대북부유럽, 이베리아반도 Europe north & west of Italy to ca. 499 [KDC 920.1-2]

.3 게르만민족 Germanic regions to 481

.4 셀트족 Celtic regions to 486

937- 고대이탈리아반도 Italian peninsula & adjacent territories to 476 [KDC 922]

938- 고대그리스 Greece to 323 [KDC 921]

939- 기타 고대세계사 Other parts of ancient world to ca.640 [KDC 910-990]

940- 유럽역사 History of Europe [KDC 920]

서양사

서양사사전 → 903

.1 서양초기사 Earl history to 1453

서양중세사 Middle ages, 476-1453

.14 봉건시대 Age of feudalism, 800-1099

암흑시대

.2 서양근세사 Modern history, 1453-

.21 문예부흥시대 Renaissance period, 1453-1517

.23 종교개혁 Reformation period, 1517-1648

16세기사

.24 30년전쟁 Thirty Years War, 1618-1648

.25 17세기후기-18세기 1648-1789

940.27 나폴레옹시대 Period of French Revolution & Napoleon I, 1789-1815

.28 19세기 1815-1914

.3 제1차 세계대전 World War I, 1914-1918

.5 20세기 1918-

.53 제2차 세계대전 World War II, 1939-1945

.55 20세기이후 1945-1999

.56 21세기 2000-

941- 영국 제도(諸島) British Isles [KDC 924.6-9]

.1 스코틀랜드 Scotland

.5 아일랜드 Ireland

.6 북아일랜드 Ulster Northern Ireland

942- 영국역사 England & wales [KDC 924]

.062 시민혁명사 Reign of Charles I, 1625-1647 Civil War, 1642-1649

.07 산업혁명 Industrial revolution, 1760-1830

.1 런던 London

.9 웨일즈 Wales

943- 독일과 중부유럽 Germany & neighboring Central European Countries [KDC 925]

.03 종교개혁시대 Period of Reformation &, 1519-1618

.04 17세기 1618-1705

.06 나폴레옹 전쟁시대 Period of Napoleonic Wars, 1790-1815

.07 독일연방 Period of German Confederation, 1815-1866

.08 제2제국 1866-1918

.086 제3제국 Third Empire 1933-1945

.087 20세기이후 1945-1990

.088 21세기이후 1990-

.1 독일 북동부 Northeastern Germany

구 독일민주공화국

.2 독일 삭소니. 튜링기아 Saxony & Thuringia

.6 오스트리아, 리히텐슈타인 Austria & Liechtenstein

.7 체코, 슬로바키아 Czecho, Slovakia

.8 폴란드 Poland

.9 헝가리 Hungary

944-	프랑스와 모나코 France & Monaco [KDC 926]
.01	프랑스초기 Early history to 987
.02	중세사 Medieval period, 987-1589
.03	부르봉왕조시대 Period of House of Bourbon, 1589-1789
.04	프랑스혁명 Revolutionary period, 1789-1804
.05	제1제정 Period of First Empire, 1804-1815
.06	왕정복고 Period of Restoration, 1815-1848
.07	제2공화정 Period of Second Republic, ... 1848-1870
	제2제정 Second Empire, 1848-1870
.081	제3공화정 Period of Third Republic, 1870-1945
.0814	제1차 세계대전 Period of World War I, 1914-1918
.0816	제2차 세계대전 Period of World War II, 1918-1945
.082	제4공화정 Period of Fourth Republic, 1945-1958
.083	제5공화정 Period of Fifth Republic, 1958-
.084	21세기 2000-
.36	파리 Paris
.9	프로방스 Provence
.949	모나코 Monaco

945- 이탈리아, 산마리노 Italy, San Marino, Vatican City, Malta

[KDC 928]

고대로마사 → 937

.05 문예부흥시대 Renaissance period, 1453-1494

.08 국민주의의 성장 1796-1870

.09 이탈리아왕국 1870-1918 Kingdom of Italy

.091 파시스트 이탈리아 Reign of Victor Emmanuel III, 1918-1946

Fascist Italy

.092 이탈리아공화국 Period of Republic, 1946-

.49 산마리노 San Marino

.63 로마 Rome(Roma) province & Vatican City

.8 시실리 Sicily

.85 말타 Malta

946- 스페인, 안도라, 지브롤터 Spain Andorra, Gibraltar, Portugal

[KDC 927]

.79 안도라 Andorra

.89 지브롤터 Gibraltar

.9 포르투갈 Portugal

947-	러시아, 동부유럽 Russia & eastern Europe
	소련 [KDC 929]
.08	19세기후기 1855-
	러시아혁명시대 1905-
.084	20세기 1917-1999
.085	20세기이후 1953-1991
.086	1991-
948-	스칸디나비아 Scandinavia [KDC 923]
	북유럽 Northern Europe
.1	노르웨이 Norway
.5	스웨덴 Sweden
.9	덴마크 Denmark
.97	핀란드 Finland
949-	기타유럽제국역사 Other parts of Europe [KDC 929.9]
.12	아이슬란드 Iceland
.2	네덜란드 Netherlands(Holland)
.3	벨기에 Southern Low Counts Belgium
.35	룩셈부르크 Luxembourg
.4	스위스 Switzerland
.5	그리스 Greece
	고대희랍 → 938
.58	에게海 지역 Former Aegean Islans region

949.59 크레타지역 Crete regin

.65 알바니아 Albania

.7 세르비아, 몬테네그로, 크로아티아 Serbia & Montenegro, Croatia, ...

.702 유고슬라비아 Yugoslavia, 1918-1991

.71 세르비아 Serbia

.8 루마니아 Romania

.9 불가리아 Bulgaria

950- 아시아역사 History of Asia [KDC 910]

*.1 동양사학, 동양사관

*.2 동양사연표

*.3 동양사사전

*951- 한국역사 Korean history (KDC 911 참조)

(원표 951.9의 변경) *동양관계세분전개 951-953

*951.01-.08은 표준세구분한다.

.01 사학(史學), 사관(史觀)

.0202 한국사연표

.03 한국사사전

.09 사료, 고고학, 고문서, 고적, 금석문, 문화재

.1- 원시시대. 한국문화사, 통사

.11 민족사, 민족설화, 야사

*951.2-.7은 시대구분한다.

951.2-	상고시대. 상고사(上古史)
.21	단군시대
.22	기자시대(箕子時代)
.23	위만시대(衛滿時代)
.24	낙랑시대(樂浪時代)
.25	삼한(三韓) 및 제국사(諸國史)
.26	마한(馬韓)
.27	진한(辰韓)
.28	변한(弁韓)
.3-	삼국시대(古代史) (57 B.C-936 A.D)
.31	신라[박혁거세-경순왕] (57 B.C-935 A.D)
.32	고구려[동명성왕-보장왕] (37 B.C-668 A.D)
.33	백제[온조왕-의자왕] (18 B.C-660 A.D)
.34	가야(伽倻) (42-562)
.35	통일신라[문무왕9년-진성여왕5년] (669-935)
	장보고(張保皐)의 해상활동(838)
.36	발해[고왕(高王)-애왕(哀王)] (699-926)
.37	후삼국[진성여왕6년-경순왕] (892-936)
.371	후백제(892-936)
.372	후고구려[궁예] (901-917)

951.4-	고려시대(中世) (近古史) (918-1392)
.41	태조(太祖)-현종(顯宗) (918-1031)
	혜종(惠宗), 정종(定宗), 광종(光宗), 경종(景宗), 성종(成宗), 목종(穆宗)
.42	거란침입(契丹侵入) (993-1018)
.43	덕종(德宗)-인종(仁宗) (1031-1146)
	단종(端宗), 문종(文宗), 순종(順宗), 선종(宣宗), 헌종(獻宗)
.44	숙종(肅宗), 예종(睿宗) (1096-1122)
	여진정벌(女眞征伐) (1107), 구성설치(九城設置)
.45	대위국(大爲國), 묘청(妙淸) (1135)
.46	의종(毅宗)-원종(元宗) (1146-1274)
	명종(明宗), 신종(神宗), 희종(熙宗), 강종(康宗), 고종(高宗)
.47	몽고(蒙古)의 침입(侵入)과 강화(江華)천도(1231-1255)
	삼별초의 난(1270-1273)
.48	충렬왕-공양왕 (1274-1392)
.49	홍건적(紅巾賊)침입,왜구(倭寇) (1359-1361)
.5-	조선시대(近世史) (1392-1910)
.51	태조(太祖)-성종(成宗) (1392-1910)
	명종(明宗), 정종(定宗), 태조(太祖), 세종(世宗), 문종(文宗),
	단종(端宗), 세조(世祖), 예종(睿宗), 성종(成宗)
.52	연산군(燕山君), 중종(中宗), 인종(仁宗), 명종(明宗) (1495-1567)
	을사사화(1545)
.53	선조(宣祖), 광해군(光海君), 인조(仁祖) 조선중기

951.54 왜란(倭亂) (1592-1598) 호란(胡亂) (1636-1637)
임진왜란. 이순신(李舜臣)의 활약
.55 효종(孝宗), 현종(顯宗), 숙종(肅宗), 경종(景宗) (1650-1724)
.56 사화 및 당쟁사(士禍 및 黨爭史) (1694, 1721-1722)
.57 영조(英祖), 정조(正祖) (1725-1800) 조선후기
.58 순조(純祖), 헌종(憲宗), 철종(哲宗) (1801-1863)
삼정(三政)의 문란, 홍경래(洪景來)의 난(1811-1812)
.59 고종(高宗), 순종(純宗) (1864-1910)
강화도조약(1876) 갑오경장(개혁) (1894)
.591 동학혁명(東學革命) (1894-1895)
.6- 일제감정기(항일시대) (1910-1945)
.61 독립운동
.611 헤이그밀사사건(1907), 안중근열사(1909)
.612 상해임시정부(1919)
.613 3.1운동(3·1운동) (1910-1919)
.614 6.10 만세운동(1926). 광주학생운동(1929-1930)
.63 독립항쟁운동
.6321 대한민국임시정부(상해임시정부) (1919-1945)

951.7- 대한민국시대(해방이후) (1945-)

KDC 911.07-.082 DDC 973.7-.932 참조

.71 군정시대(1945-1948)

.72 제1공화국(1948-1960)

이승만(李承晩)정부

6·25사변(1950-1953)

4·19혁명(1960)

.73 제2공화국(1960-1963)

윤보선(尹潽善)정부

5·16군사혁명(1961)

.74 제3·4공화국(1963-1981)

박정희(朴正熙)정부

5·18광주민주화운동(1980)

최규하(崔圭夏)과도정부

.75 제5공화국(1981-1988)

전두환(全斗煥)정부

.76 제6공화국이후(1988-1993)

노태우(盧泰愚)정부

.77 문민정부(1993-1998)

김영삼(金泳三)정부

.78 국민의 정부(1998-2003)

김대중(金大中)정부

951.8-	21세기 2000-
.81	참여정부(2003-2008)
	노무현(盧武鉉)정부
.82	이명박(李明博)정부(2008-2013)
.83	박근혜(朴槿惠)정부(2013-2017)
.84	문재인(文在寅)정부(2017-2022)
.85	윤석열(尹錫悅)정부(2022-)
.86	
.9-	지방사(地方史)
.91	서울특별시(남경, 한양, 한성, 경성)
.92	함경도, 량강도(관북지방)
.93	평안도, 자강도(관서지방)
.94	황해도(해서지방)
.95	경기도(기전지방)
.96	강원도(관동·영동지방)
.97	충청도(호서지방)
.98	경상도(영남지방)
.99	전라도(호남지방)·제주도
.991	제주도(탐라국)

*952-	중국역사 Chinese history (KDC 912 참조)
	(원표 951의 변경)
	*952.01-.09는 표준세구분한다. (951.01-.09 참조)
	예: 중국고고학 952.09
.1-	원시시대. 문화사·통사
.11	민족사·민족설화·야사
	*952.2-.7은 시대구분한다.
.2-	상고시대. 상고사(上古史) (진이후(秦以後) -221 BC)
.21	신화전설시대(三皇五帝)
.22	하(夏)·은(殷) (상)시대(商) (時代)
.23	주시대(周時代)
.24	춘추전국시대(770 B.C-221 B.C)
.25	진시대(秦時代) (221 B.C-206 B.C)
.3-	중고시대. (中古史) (漢-南北朝) (202 B.C-589 B.C)
.31	전한(前漢) (202 B.C-23 B.C)
.32	동한(東漢) (25-220)
.33	삼국(三國) (위魏·촉蜀 ·오吳) (220-280)
.34	서진(西晉) (265-316)
.35	동진(東晋) (316-420)
.36	오호십육국(五胡十六國) (304-439)
.37	남북조(南北朝) (386-589)
.38	남조(南朝) (송宋·재齊·양梁·진陳) (420-589)

952.39 북조(北胡) (후위後魏·동東·서위西魏·북재北齊·북주北周) (386-581)
.4- 근고시대 (近古史) (581-1279)
.41 수시대(隨) (581-618)
.42 당시대(唐) (618-907)
.43 오대(五代)·십국(十國) (907-979)
.44 요(遼) (契丹)거란 서요(西遼) (916-1125)
.47 송(宋)시대(960-1279)
.471 북송(北宋) (960-1127)
.472 남송(南宋) (1127-1279)
.48 서하(西夏) (대하大夏) (1038-1227)
.49 금(金) (女眞) (1115-1234)
.5- 중세시대. (近世史) (1271-1644)
.51 원(元) (1271-1368)
.55 명(明) (1368-1662)
.6- 근세사. 최근세사(最近世史) (1616-1912)
청(淸) (1616-1912)
.61 태조(太祖)-세조(世祖) (1616-1661)
.62 성조(聖祖)-세종(世宗) (1661-1735)
.63 고종(高宗) (건륭(乾隆) (1735-1795)
.64 인종(仁宗) (가경(嘉慶) (1796-1820)
.65 선종(宣宗) (도광(道光) (1821-1850)
아편전쟁(阿片戰爭)

952.66	문종(文宗) (함풍(咸豊) (1850-1861)
	태평천국(太平天國)
.67	목종(穆宗) (동치(同治) (1862-1874)
.68	덕종(德宗) (광서(光緖) (1875-1908)
.69	선통(宣統) (1908-1911)
	신해혁명(辛亥革命)
.7-	현대사. 중화민국시대 최근세 (1912-1949)
	청일전쟁(清日戰爭) (1937-1945)
.71	초기공화국정부 (1912-1927)
.72	국민정부시대 (1927-1945)
.73	자유중국정부시대 (1945-)
.8-	중화인민공화국 시대 (1949-)
	*952-.99는 지리구분한다.
	(KDC 912.1-912.8 참조)
.9-	지방사(地方史)
.91	중국북부 황하유역 (화북(華北), 북경(北京))
.92	중국중부 장강유역 (화중(華中), 상해(上海))
.93	중국 남부(南部) (남부해안지역(南部海岸地域) (화남(華南), 광주(廣州), 해남도(海南島))
	홍콩 Hong Kong. 마카오 Macao
.94	대만(臺灣, 중화민국) Taiwan(Formosa)
.95	중국 만주(滿洲) Manchuria, 연길(延吉) 연변(延邊)

952.96 몽고(蒙古) Mongolia, 외몽고(外蒙古) Outer Mongolia

.97 신강(新疆) Sinkiang

.98 티베트자치구(西藏自治區 시짱자치구) (西藏) Tibet

*953- 일본역사 Japanese history (KDC 913 참조)

(원표 952의 변경)

*953.01-.09는 표준세구분한다. (951.01-.09 참조)

예: 일본고문서학 953.09

.1- 원시시대. 문화사. 통사

.11 민족사. 민족설화. 야사

*953.2-.7은 시대구분한다.

.2- 상고시대. 상고사(上古史) (신대(神代)-대화(大和) (-710)

.3- 중고시대. 중고사(中古史) (나라(奈良). 헤이안(平安).

평씨(平氏) (710-1185)

.31 나라(奈良)시대) (710-794)

.32 헤이안(平安시대 (794-1185)

.4- 중세, 전기봉건시대 1185-1603

.41 가마쿠라(鎌倉)시대 (1185-1333)

.42 겐무신정(建武中興)·난보쿠초(南北朝)시대 (1333-1392)

.43 무로마치(室町, 아시카가(足利)시대 (1392-1573)

.44 센고쿠(戰國時代)시대 (1492-1568)

.45 아즈츠·모모야마(安土桃山) 시대(1568-1603)

953.5- 근세 후기 봉건시대 (1603-1868)

에도(江戶), 도쿠가와(德川)시대를 포함한다.

.51 전기 1603-1709

.52 중기 1709-1853

.53 말기 1853-1868

.6- 최근세사(最近世史) (메이지(明治)-쇼와(昭和) (1868-1945)

.61- 메이지(明治)시대 (1868-1912)

러일전쟁을 포함한다.

.62 다이쇼(大正)시대 (1912-1926)

.63 쇼와 전기(昭和 前期) (1926-1945)

.7- 현대사 (1945-)

.71 쇼와 후기(昭和 後期) (1945-1989)

.72 헤이세이(平成) (1989-2019)

.73 레이와(令和)시대 (2019-)

*953.91-.99는 지리구분한다.

(KDC 913.1-913.99 참조)

.9- 지방사(地方史)

.91 홋카이도(北海道)지방 Hokkaido

.92 혼슈(本州) Honshu

.93 간토지방(關東地方) Kanto

953.94 호쿠리쿠지방(北陸地方) Hokuriku

.95 주부지방(中部地方): 동산(東山)·동해지방(東海地方) Chubu

.96 긴키지방(近畿地方): 기내(畿內), 상방(上方), 관서(關西) Kinki

.97 주고쿠지방(中國地方) Chugoku

.98 시코쿠지방(四國地方) Shikoku

.99 규슈지방(九州地方) Kyushu

954- 인도역사 India South & Asia India [KDC 915]

.04 인도의 독립 1947-1971

.91 파키스탄 Pakistan

.93 스리랑카 Sri Lanka

.96 네팔 Nepal

.98 부탄 Bhutan

955- 이란(페르시아) Iran(Persia) [KDC 918.3]

아라비아제국 Arabian history

*.3 예멘 Yemen(원표 953.3의 변경)

*.5 오만 Oman(원표 953.53의 변경)

*.67 쿠웨이트 Kuwait(원표 953.67의 변경)

*.8 사우디아라비아 Saudi Arabia(원표 953.8의 변경)

956- 중동, 근동 Middle East(Near East) [KDC 918]

.1 터어키 Turkey

.7 이라크 Iraq

.91 시리아 Syria

.92 레바논 Lebanon

.93 사이프러스 Cyprus

.94 이스라엘 Palestine

.95 요르단 Jordan

957- 시베리아 Siberia(Asiatic Russia) [KDC 917]

958- 중앙아시아 Central Asia [KDC 916]

.1 아프가니스탄 Afghanistan

.4 소비에트중앙아시아 Turkestan

959- 동남아시아 Southeast Asia [KDC 914]

.1 미얀마(버어마) Myanmar(Burma)

.3 태국 Thailand

.4 라오스 Laos

.5 말레이시아 Commonwealth of nations territories
Malaysia

.57 싱가포르 Singapore

.6 캄보디아 Cambodia
크메르 Khmer

.7 베트남 Vietnam

959.8	인도네시아 Indonesia
.9	필리핀 Philippines
960-	아프리카역사 History of Africa [KDC 930]
961-	튜니지아, 리비아 Tunisia & Libya [KDC 933.1-2]
	북아프리카 North Africa
.1	튜니지아 Tunisia
.2	리비아 Libya
962-	이집트, 수단 Egypt & Sudan [KDC 932]
.4	수단 Sudan
963-	에티오피아, 에리트레아 Ethiopia & Eritrea [KDC 937.1]
964-	모로코 Morocco & adjacent areas [933.4-9]
965-	알제리 Algeria [KDC 933.3]
966-	서부아프리카 West Africa & offshore islands [KDC 934]
.2	니제르 Mali, Burkina Faso, Niger
.3	세네갈 Senegal
.51	감비아 Gambia
.52	기니아 Guinea
.62	리베리아 Liberia
.68	아이보리코스트 Cote d' Ivory(Ivory Coast)
.7	가나 Ghana
.81	토고 Togo
.9	나이지리아 Nigeria

967- 중부아프리카 Central Africa & offshore islands [KDC 936-937]

.11 카메룬 Cameroon

.21 가봉 Gabon

.24 콩고 Republic of the Congo

.3 앙골라 Angola

.43 차드 Chad

.6 동아프리카 East Africa

.61 우간다 및 케냐 Uganda & Kenya

.62 케냐 Kenya

.73 소말리아 Somalia

.8 탄자니아 Tanzania

.9 모잠빅크 Mozambique

968- 남부아프리카 Republic of South Africa [KDC 938]

.87 스와질란드 Swaziland

.94 잠비아 Zambia

969- 남인도양제도 South Indian Ocan islands [KDC 939]

.1 마다가스카르 Madagascar

970- 북아메리카역사 History of North America [KDC 940]

971- 캐나다 Canada [KDC 941]

972- 멕시코 Mexico, Middle America, West indies, ...
[KDC 943-949]

.8 중앙아메리카 Central America

.81 과테말라 Guatemala

.83 온두라스 Honduras

.84 엘살바도르 El Salvador

.85 니카라과 Nicaragua

.86 코스타리카 Costa Rica

.87 파나마 Panama

.9 서인도제도 West Indies(Antilles) & Bermuda

.91 쿠바 Cuba

.92 자메이카 Jamaica & Cayman Islands

.93 도미니카 Dominican Republic

.94 아이티 Haiti

.95 푸에르토리코 Puerto Rico

973- 미국(미합중국) United States [KDC 942]
*973.1-.9는 시대구분한다.
*974-979는 지리구분한다.

.1 초기 Early history to 1607

.2 식민지시대 Colonial period, 1607-1775

.3 독립전쟁 및 연합시대 Periods of Revolution & Confederation, 1775-1789

973.4	헌정시대 Constitutional period, 1789-1809
.5	19세기 초기 1809-1845
.6	19세기 중기 1945-1861
.7	링컨 Abraham Lincoln, 1861-1865
	남북전쟁 Civil War
.8	19세기 후기 Reconstruction period
.9	20세기 1901-
.91	20세기 초기 1901-1953
.92	20세기 후기 1953
.921	아이젠하워 Dwight David Eisenhower, 1953-1961
.922	케네디 John F. Kennedy, 1961-1963
.923	존슨 Lyndon B. Johnson, 1963-1969
.924	닉슨 Richard M. Nixon, 1969-1974
.925	포드 Gerald R. Ford, 1974-1977
.926	카터 Jimmy Carter, 1977-1981
.927	레이건 Ronald Reagan, 1981-1989
.928	부시 George Bush, 1989-1993
.929	클린턴 Bill Clinton, 1993-2001
	*974-979 미국의 각 주주 및 지방사
.93	2001-
.931	부시 George W. Bush, 2001-2009
.932	오바마 Barack Obama, 2009-2017

973.933 트럼프 Donald John Trump, 2017-2021

.934 바이든 Joseph Robinette Biden, 2021-

974- 미국북동부 Northeastern United States [KDC 942]

.1 메인 Maine

.2 뉴햄프셔 New Hampshire

.3 버만트 Vermont

.4 매사추세츠

.5 로드아일랜드 Rhode Island

.6 코네티컷 Connecticut

.7 뉴욕 New York

.8 펜실바니아 Pennsylvania

.9 뉴저지 New Jersey

975- 미국남동부 Southeastern United States [KDC 942]

.1 델라웨어 Delaware

.2 메릴랜드 Maryland

.3 컬럼비아구 District of Columbia(Washington)

.4 웨스트버지니아 West Virginia

.5 버지니아 Virginia

.6 노스캐롤라이나 North Carolina

.7 사우스캐롤라이나 South Carolina

.8 조지아 Georgia

.9 플로리다 Florida

976- 미국남부중앙 South central United States [KDC 942]

.1 알라바마 Alabama

.2 미시시피 Missippi

.3 루이지애나 Louisiana

.4 텍사스 Texas

.6 오클라호마 Oklahoma

.7 아칸소 Arkansas

.8 테네시 Tennessee

.9 캔터키 Kentucky

977- 미국북부중앙 North Central United States [KDC 942]

.1 오하이오 Ohio

.2 인디애나 Indiana

.3 일리노이 Illinois

.4 미시간 Michigan

.5 위스콘신 Wisconsin

.6 미네소타 Minnesota

.7 아이오와 Iowa

.8 미주리 Missouri

978- 미국서부 Western United States [KDC 942]
.1 캔자스 Kansas
.2 네브래스카 Nebraska
.3 사우스다코타 South Dakota
.4 노스다코타 North Dakota
.6 몬태나 Montana
.7 와이오밍 Wyoming
.8 콜로라도 Colorado
.9 뉴멕시코 New Mexico
979- 미국태평양연안 Great Basin & Pacific Slope region [KDC 942]
.1 애리조나 Arizona
.2 유타 Utah
.3 네바다 Nevada
.4 캘리포니아 California
.5 오리건 Oregon
.6 아이다호 Idaho
.7 워싱턴 Washington
.8 알래스카 Alaska
980- 남아메리카역사 History of South America [KDC 950]
라틴아메리카 Latin America
981- 브라질 Brazil [KDC 953]
982- 아르헨티나 Argentina [KDC 958]

983- 칠레 Chile [KDC 959]

984- 볼리비아 Bolivia [KDC 956]

985- 페루 Peru [KDC 955]

986- 콜롬비아, 에콰도르 Colombia & Ecuador[KDC 951, 954]

.1 콜롬비아 Colombia

.6 에콰도르 Ecuador

987- 베네수엘라 Venezuela [KDC 952]

988- 기아나 Guiana [KDC 952.9]

989- 파라과이, 우루과이 Paraguay & Uruguay [KDC 953.9, 957]

.2 파라과이 Paraguay

.5 우루과이 Uruguay

990- 기타지역의 역사 History of other areas [KDC 960-970]

[991-992] XXX

993- 뉴질랜드 New Zealand [KDC 963]

994- 오스트레일리아(호주) Australia [KDC 962]

995- 뉴기니아, 멜라네시아 New Guinea & Melanesia[KDC 964-965]

뉴기니아 New Guinea

996- 폴리네시아 Polynesia & other Pacific Ocean... [KDC 966-967]

.5 미크로네시아 Micronesia

.9 하와이제도 Hawaiian Is

997- 대서양제도 Atlantic Ocean islands [KDC 968]

998- 북극지방 Arctic islands & Antarctica [KDC 969]

남극지방 Antarctica

.2 그린란드 Greenland

999- 지구밖의 세계 Extraterrestrial worlds [KDC 969.9]

관계색인

[ㄱ]

[ㄴ]

[ㄷ]

[ㄹ]

[ㅁ]

[ㅂ]

[ㅅ]

[ㅇ]

[ㅈ]

[ㅊ]

[ㅋ]

[ㅌ]

[ㅍ]

[ㅎ]

340- 법학 Law (KDC 360, NDC 320 참조)

*340-349 국회도서관 전개표 위주

340.02-.09는 표준세구분한다.

.1 법철학과 이론 Philosophy and theory of law

법률학

.109 法律思想史

法思想史

.112 법과 윤리

.14 법학방법론

.15 비교법학 Comparative law

.16 법과 사회 Law and society

법률사회학

.3 법률학사전

.9 법(률, 령, 제)사

.91 법령집 930-999와 같이 지리구분한다.

예: 한국법령집 340.9151

미국법령집 340.9173

.98 판례집, 판례비평집, 결의집, 학설판례요지집

*각 법의 판례집은 그 법률아래 098을 부가한다.

예: 대법원형사판례집 343.098

341-	국제법 International law (KDC 361, NDC 329 참조)
	국제공법
	*341 국회도서관 전개표 위주
.1	平時國際法
.12	국가, 정부, 승인
.124	연합국가. 유럽연합(EU)
.126	영세중립국
.127	자치령·자치식민지
.129	國旗(National flags) 929.92도 보시오.
.13	영토. 영해. 국경. 개인. 선박. 항공기
.14	公海. 해양의 자유. 항공. 영공
.15	외교사정. 영사
.16	치외법권. 영사재판
.17	거류지. 租界
.18	委任統治. 信託統治
.19	국제조약 International treaties
	조약집 → 341.9
.2	국제단체 The world community
	국제기관 International organization
	國際機構論. 국제조직법

341.22 국제연맹 League of Nations

.23 국제연합. 유엔 United Nations

.231 憲章 Charter

.232 加盟國

.233 총회 General Assembly

.234 안전보장이사회

원자력위원회

.236 경제사회이사회

.238 사무국

.25 국제위원회

.26 국제회의 International conferences

.27 국제노동기구

.28 유네스코 060도 보시오.

.3 국제분쟁처리 International disputes

.32 평화적해결 Pacific settlement of disputes

.33 국제조정

.35 국제심사

.36 국제재판. 중재재판 International courts

.37 국제사법재판소

.38 국제분쟁의 강제적 수단(처리)

341.4 戰時國際法. 交戰法規

.41 전쟁의 개시. 교전구역

.42 陸戰法規. 포로. 占領 356도 보시오.

.43 海戰法規 359도 보시오.

.44 空戰法規 358도 보시오.

.45 交戰國間의 準平和관계

.46 전쟁의 종료. 배상문제. 재산처리

.47 중립법. 戰時禁制品

.48 전쟁범죄

.481 전범. 전범재판

.486 망명. 피난민

.49 국제군사재판

.5 세계법. 국제통일법

.52 논쟁의 평화적 해결 Peaceful settlement

.6 國際私法 Private international law

.64 국제민법

.65 국제경제법. 국제상법

.66 국제형법 International criminal law

.67 국제민사소송법. 상사중재. 파산법

.7 국제협력 International cooperation

국적법, 외국인

341.71 국적법

.72 住所

.73 외국인관계법, 외국인의 지위

.74 외국인토지법. 등록법

.762 환경보전, 그린라운드

.78 外地法

.8 管理法

.9 조약집 Collections of treaties

국제조약집

.98 국제판례집

.99 국제판례연구

342- 헌법 Constitutional law

(KDC 362, NDC 323 참조)

.024 헌법법전

.076 헌법문제집

.09 憲法史

.1 국법학. 주권

.3-.9 각국의 헌법

지리구분 930-999와 같이 세분한다.

예: 미국헌법 342.73

한국헌법 342.51

343- 형법 Criminal law (KDC 364, NDC 326 참조)

*343 국회도서관 전개표 위주

형사학 → 364

.01 형법이론

.014 군법

.09 刑法史

.098 형사판례집

.1 형법총론

정당바위, 긴급피난, 공범

.2 형법각론

(內亂, 外患, 國交, 公務員의 職務, 公務妨害, 逃走, 僞證)

.22 사회에 대한범죄

(公安, 放火, 交通妨害, 賭博, 信仰)

.23 생명신체에 대한 범죄

(殺人, 傷害, 落胎, 遺棄, 貞操, 性犯罪)

.24 자유에 대한 범죄

(逮捕, 監禁, 脅迫, 誘引)

.25 명예, 신용, 비밀, 권리행사 방해에 대한범죄

.26 재산에 대한 범죄

(窃盜, 强盜, 喝取, 橫領, 背任)

343.3 형사학, 형사정책, 범죄학은 364도 보시오.

.4 형벌. 형벌론 Punishment

.41 生命刑(死刑)

.419 身體刑(苔刑)

.42 自由刑(懲役, 禁錮, 拘留)

.43 財産刑(罰金, 科料, 賦役)

.44 名譽刑(資格刑)

.45 假出獄

假釋放

.46 刑의 宣告猶豫. 刑의 執行猶豫

.47 刑의 時效. 특별사면

.48 보호처분. 보안처분

.5 行刑學 Penology 364.6도 보시오.

행형법. 감옥법

.7 법의학

의학이 위주 일 때 614.1

.8 특별형법

.81 국가보안법. 사상범죄

.82 경범죄처벌법. 경범죄

.83 경제형법. 조세형법

.84 軍刑法. 국방경비법. 해안경비법

343.86　노동형법

.87　盜犯防止法

.9　외국형법

지리구분 930-999와 같이 구분한다.

예: 중국형법 343.952

344-　행정법 Administrative law

(KDC 363, NDC 323.9 참조)

*344 국회도서관 전개표 위주

.03　행정법사전

.098　행정법판례

.2　행정조직법

.3　공무원법. 인사관계법

.4　행정작용법. 행정행위법

.5　행정소송법. 行政爭訴法. 국가보상법

.6　경찰법. 경찰행정법

.7　公企業法. 公物法

.8　公用徵收법. 土地收用法. 公用負擔法

.9　외국의 행정법

지리구분 930-999와 같이 구분한다.

예: 일본행정법 344.953

345-	民法 Civil law (KDC 365, NDC 324 참조)
	*345 국회도서관 전개표 위주
	私法. 民事法. 私法學
.09	民法史
.098	민법판례집
.1	民法各論, 총론, 총칙
.11	자연인(행위능력. 주소. 실종)
.12	법인, 설립, 관리, 해산
.13	물건, 동산, 부동산
.14	법률행위, 무효, 조건
.142	의사표시
.15	대리
.16	조건, 기한, 기간, 시효
.2	物權法, 財産法
.22	점유권
.23	소유권. 공유권
.235	저작권. 지적소유권
.24	用益物權. 토지이용권은 333도 보시오.
.25	地上權. 地役權
.26	傳貰權
.27	小作權. 永作權은 333.5도 보시오
.28	入會權. 其他

345.3 擔保物權法

.31 留置權

.32 先取得權. 先取特權

.33 質權(動産質. 不動産質. 權利質)

.34 저당권. 근저당

.35 양도담보

.4 債權法. 債權總論

.41 채권의 목적

.42 채권의 효력

.43 다수당사자의 채권

.44 채권의 양도

.45 채권의 소멸

.5 債權各論

.52 계약법 Law of contracts

.521 契約總則

.522 贈與

.523 매매

판매 → 658.81

.524 소비대차. 사용대차

.526 임대차보호법

.527 고용

고용문제 → 331.11 rhdydac 채용 → 658.31

345.528 都給(請負) 기타

.53 사무관리

.54 부당이득

.55 불법행위법. 손해배상. 불법행위론. 권리침해

환경오염침해

.6 친족법. 가족법. 신분법

친족상속법 → 345.7

.61 친족. 혈족

.62 婚姻(法) Marriage

혼인(사회학) → 306.81

.623 부부재산제

.624 이혼(법)

이혼(사회학) → 306.89

.63 親子

친자(사회학) → 306.89

.631 實子 (父性推定. 認知. 私生子)

.632 養子 → 347.41도 보시오.

.64 親權

.65 후견 및 보좌

.66 扶養

.67 친족회

.68 호주와 가족

345.7 상속법 Law of inheritance

친족상속법

.72 호주상속. 상속인

.73 재산상속. 상속의 효력

.74 법정상속. 상속의 효력

.75 재산의 분리

.76 相續人의 不存在

.77 유언(방식, 효력, 집행, 취소)

.8 민사특별법

.81 借地法. 借家法 *345.526도 보시오.

.82 신탁법

.83 재산저당법. 財團抵當法

.84 利息制限法

.85 供託法

.86 부동산등기법

.87 호적법. 寄留法. 주민등록법

.88 신원보증법

.89 기타

.9 외국민법

지리구분 930-999와 같이 구분한다.

예: 일본민법 345.953

346-	商法 Commercial law (KDC 366, NDC 325 참조)
	*346 국회도서관 전개표 위주
.1	상법총칙. 총론
.11	商慣習
.12	상인
.13	상업등기
.14	상호
.15	상업장부
.16	상업사용인
.17	代理商
.2	회사법. 기업법
.21	총칙
.22	합명회사
.23	합자회사
.24	주식회사. 법인
.241	설립
.242	주식. 주주
.243	이사회. 주주총회
.244	기업공개

346.245	사채(법)
.246	정관의 변경
.247	회사의 정리
.248	해산. 합병. 청산. 파산. 도산
.25	주식합자회사
.26	외국회사
.28	유한회사
.3	商行爲法
.32	商事賣買
.33	相互計算
.34	익명조합
.35	仲立營業
.36	위탁매매업
.37	운송취급영업
.38	운송영업
.384	물품영업
.385	여객운송
.39	寄託
.392	창고영업
.4	보험업. 보험 → 368
.41	보험계약법

346.42 손해보험법 (XX 368.7)

재해보험법 (XX 368.7)

.43 화재보험법 (XX 368.11)

.44 운송보험법 (XX 368.2)

.45 책임보험법

재보험법 (XX 368.012)

.46 생명보험법 (XX 368.3)

.47 실업보험법 (XX 368.3)

.49 교육보험법

.5 海商法 Maritime law

해법. 해운 → 387

.51 船舶. 公船. 船主

.52 船員(船長. 海員)

.53 운송

.532 용선계약

.533 선하증권

.54 海損. 共同海損

.55 海難救助

.56 해상보험법 (XX 368.22)

.6 유가증권법

.61 手形法(어음法). 어음. 수표법

346.612 爲替手形

.613 振替方式

.616 약속어음

.62 小手形法 . 小形手法

.8 상사특별법

상사중재법 → 347.5

.9 외국사법

지리구분 930-999와 같이 구분한다.

예: 독일상법 346.943

347- 司法制度, 訴訟法 Judicial system

(KDC 367, NDC 327 참조)

소송절차법 Legal proceedings

*347 국회도서관 전개표 위주

.01 사법재판, 소송이론, 헌법재판

.03 書式集

.05 司法統計. 行刑統計

.07 司法試驗

.1 사법제도. 사법행정

.12 법원. 재판소 Courts

.122 최고재판소 Supreme courts

대법원

347.123 고등. 지방. 가정법원. 소년재판소. 기타법원

.124 법관(형사). (판사). 법관징계법

.125 법정

.13 검찰청. 검찰. 검찰관

*각국의 검찰 930-999와 같이 구분한다.

예: 한국검찰 347.1531

.14 변호사

.15 공증인

.16 執達吏

.17 사법서사, 법우사

.2 민사소송법 Civil procedures

(KDC 367.5, NDC 327.2 참조)

.2098 민사소송법판례

.21 총칙(소송비용)

.22 제1심의 소송절차(訴. 辯論. 證據)

.23 상소(공소. 상고. 항고)

.24 재심

.25 독촉절차

.3 강재집행법

.34 보전처분. 가차압. 가처분

.35 공시최고절차

347.36 파산법 *346.248도 보시오.

.37 和議法

.38 경매법

.4 민사소송절차법

.41 혼인. 양자 *345.62도 보시오.

.42 친자관계

.43 상속인폐제(廢除). 은거

.44 禁治産. 準禁治産

.45 失 踪

.46 家事審判法. 家事裁判

.49 비소송사건절차법(民事. 商事)

.5 조종법. 조종제도

.51 중재법. 借地借家調停法

.52 금전채무임시조정법

.55 商事調停法

.56 소작조정법

.6 형사소송법 Criminal procedure

(KDC 367.4, NDC 327.6 참조)

.61 총칙

.612 除斥忌避. 묵비권

.613 소송능력

347.614 변호 및 보좌

.615 재판, 판결, 명령

.616 서류 및 송달

.617 기간

.618 소송비용

.62 강제처분과 증거법

.623 召喚. 拘束. 保釋

.624 押收. 搜索

.625 검증

.626 증인신문(證人訊問). 審問

.627 감정. 통역. 번역

.628 증거보전

.63 사법경찰, 수사절차

.64 공소와 공판

.65 상소(공소. 상고. 항고)

.655 비상 구제절차(재심, 비상상고)

.66 특별절차(약식절차)

.67 배심원, 배심원제도

.68 소년법

소년재판소 → 347.123

347.7 인권옹호법

.71 형사보상법

.72 人身保護法

.8 소송기록

.9 외국의 사법제도. 소송절차법

지리구분 930-999와 같이 구분한다.

예: 영국의 사법제도 347.942

348- 其他 諸法 → 각주제로 분류한다.

성문률. 성문법. 규칙. 규정. 법규. 사례

예: 노동법 331.026

교육법전 370.26

349- 法制史, 外國法 Legal history. foreign law

(KDC 369, NDC 322 참조)

*349 국회도서관 전개표 위주

.1 韓國法制史

.11 秦儀, 詔令

.12 관직

.13 儀式典例

.14 법전

예: 경국대전, 대전회통

.15 재판제도

.16 科試. 榜目

349.17 其他法制. 政書

.18 관례. 관행

.19 地方法制史

.23-.29 外國法制史

지리구분 930-999와 같이 구분한다.

예: 로마법 349.237

중국법제사 349.252

.23-.29 外國法 930-999와 같이 구분한다.

예: 英美法 349.42

支那法 349.52